川名壮志
Soji Kawana

密着　最高裁のしごと

——野暮で真摯な事件簿

岩波新書
1629

プロローグ

僕は新聞記者をなりわいとしていますが、ときどきどうしても「書ききれないこと」が出てきます。それは、新聞という媒体の特性のせいです。

たえず朝刊と夕刊の締め切りに追われて、記事をじっくり推敲する暇などありませんし、(もちろん時間のゆるす限りの努力はしますが、「正確さ」に気をはらうだけでも手いっぱい)、なにより紙面にはスペース的な限りがあります。

新聞って、政治、経済、スポーツ、文化……とメニューの違う個人商店が、狭い一軒長屋にひしめきあっているようなものですから、「今日のニュースだけは分量が多くなるから、僕に1ページまるまる使わせて」なんて、わがままは通りません。

だから、新聞ではどうしても要点だけを圧縮した書き方になってしまうし、日数をまたぐニュースでも、「前回までのあらすじ」みたいに、事件発生からのおさらいを書かせてもらえるわけではありません。

ときどきすごく専門的でマニアックな記事を書くこともあるので、「読んでくれた人に、意味がちゃんと伝わっているのかな?」と不安になることもしょっちゅうです。

たしかに電子メディアなら、スペースは無限なので、紙面的な制約は解決されるでしょう。専門用語を出すときはハイパーテキストでリンクを貼って、読者の理解をフォローすることもできるでしょう。


でも、今のところ僕はそっちに進む方向を考えていません。

古いと言われるかもしれませんが、僕は、新聞という不自由なメディアをけっこう気に入っているのです。

もちろん今どき紙ベースのメディアなんて斜陽産業だ、沈みゆく泥舟だといわれて久しいのですが、すくなくとも、記者の仕事を15年間続けてきて、取材する立場としての新聞は、そう悪いものでもない、と感じています。

なにより一次情報である「人」に食い込んで取材ができますし、記者は自分がニュースの発信元《もと》になるという気概と責任をもって執筆しますから、記事の一字一句にかける筆圧が、とても強い。僕が記者の仕事を長く続けてこられたのは、そうした仕事に生き甲斐を感じているからです。
新聞が将来、紙を捨てて電子版だけになるのかどうかはわかりませんが、媒体が何に変わったとしても、「事実を伝える」ことに命をかけた「報道」の仕事は、この先もなくならないでしょう。

もうひとつ、個人的な好みをいえば、僕自身は「紙の新聞」が決して嫌いじゃありません。パソコンやスマートフォンと違って、再生ハードがなくても読めますし(自分の目と頭が再生ハードです、なんて便利でしょう)、電池切れの心配もありません。Wi-fiだって不要。そして紙面というスペースの制約があるからこそ、見出しの大きさや記事の段数で、ひとつひとつのニュースの重要度がアナログ的に見比べられるのもオツです。紙の新聞は、紙だからこそ「電子版」では伝わらない情報まで伝わることがあるのです。もちろん個人的な好みの話かもしれませんが……。

ともあれ、僕はこの15年間にわたり、ずっと事件(特に少年事件)の取材をしてきました。長いあいだ、靴底をすり減らしてニュースの種を探してきたわけですが、最近、大きなインパクトのある取材対象に出会いました。

それが、この本で紹介する最高裁判所です。


全国紙はどこも1000人以上の記者を抱えていますが、最高裁を担当するのは各社とも、年間でたった一人。すさまじいニュースの洪水におぼれそうになりながらも、最高裁の面白さと、その懐の深さに舌を巻いてばかりでした。


最高裁って、下世話で知的で、ロジカルでウェット。

それが、司法のトップに密着した僕の結論です。

最高裁はエリート中のエリートたちが、むずかしい法律論を飛び交わせながら、ものすごく通俗的なトラブルの解決を導き出そうとしているところです。

たとえば「浮気相手との間に子どもがデキちゃったけど、どうしたらいいか」なんて俗っぽい話を、高尚な法律解釈を持ちだして、ああでもないこうでもないと侃々諤々《かんかんがくがく》やっています。

判断するポイントを緻密に分解して、最後は理屈で決着をつけるかと思いきや、どっこい人情の要素がことの成りゆきを大きく左右したりします。

でも、そうした最高裁の面白さが、世間にあんまり伝わってないんじゃないか。伝わっていないだけならまだしも、曲解されたり、〝最高裁は伏魔殿〟みたいなイメージ先行型の虚像ばかりがはびこっているんじゃないか——。

最高裁の担当をしながら、僕はそれがずっと気がかりでした。ただ、その原因は案外はっきりしていたのです。

それは、最高裁の「しくみ」が、あまりに世間に知られていないから。

世の中のあらゆるものは、しくみを知っていないと、その本来の面白さを味わい尽くせません。囲碁や将棋、スポーツ観戦だって、ある程度のしくみ（ルール）は知っていなくちゃ楽しくないでしょう。サッカーを観ていて、オフサイドのしくみを知っているのと知らないのとでは大違いです。

同じひとつの現象、同じひとつのニュースを見ても、そのしくみを知ってるだけで、受け取る情報量がまるきり違います。そして、ものごとを大局的に理解するためには、実はしくみから押さえておくのが一見まわり道のようで、結局は近道だったりもします。

ところが、最高裁については、しくみを教わる機会がほとんど皆無。そのせいでみんな何となく、最高裁のことを地裁や家裁の大親分、ぐらいの大ざっぱなイメージで捉えているかもしれませんが、実はそこで働いているしくみは、まったく異なるのです。

本書では、僕が取材したなかで、とりわけ俗っぽくて、なおかつ最高裁のしくみがよくわかる裁判を厳選しました。

日本の司法の粋《すい》が結集して、僕たちの通俗的なトラブルに白黒つける面白さ。てっぺんと底をぴたっと接続する最高裁の妙味。

この本が、読者の方々にとって、最高裁のしごとを理解するための最短の滑走路となることを願います。そして日本の司法についての鳥瞰図を手に入れてくれたら、僕は本当に嬉しい。

そんな固い話じゃないからだいじょうぶ。

目　次

第2部　市民が裁く罪と罰　手綱をにぎる最高裁（刑事編）

凡例

- 本文中の事実は原則として判決文から引用しました。ただし、判決文は正確性を期するあまり一文が長く、意味を理解すること自体が難しいため、趣旨を損なわない程度に要約、補足、言い換えをしています(いずれも読みやすくすることが目的です)。
- 判例集などの出典表記は省いています。
- 人物の肩書きなどは、原則として事件当時のものです。
- 新聞は東京本社発行の最終版を参照。表記は原則として、新聞のルールにならいます(刑事事件の被告人を被告、と称するなど)。
- 説明については、学問的な厳密さよりも「わかりやすさ」および「実際の運用」を優先しています。そのため、文意が変わらない範囲で表現を簡略化したり、細かい例外論をあえて省略するなどの工夫をしています。

第1部　家族のあり方を最高裁がデザインする（民事編）

上）最高裁の外観　下）最高裁大法廷（ともに毎日新聞社提供）

第1章　わが子と思いきや赤の他人だった
——親子関係不存在確認訴訟でみる最高裁のしくみ——

血は水よりも濃いか

最高裁がなぜ面白いのか。

それは、とびきり知的で高尚な法律の話と、とびきり泥くさい俗世の話が直結しているからでしょう。きわめて身近で、しかも何が正しい答えなのか言い切れないテーマも扱われるわけですから、一億総評論家になるにはもってこいなのですね。

たとえば、「親子」とは、血のつながりなのか、法律的な結びつきなのか、という話。シンプルなようで実は難しい「親子」という関係について、最高裁はどのように考えているのでしょうか。実際にあった裁判をもとに、紹介します。

みなさんは、ふだんの暮らしのなかで、最も身近な存在といったら、誰を一番に思い浮かべますか？　血のつながった家族。なかでも親子を真っ先に思い浮かべる方が多いのではないでしょうか。

でも、「親子」って何でしょう。何をもって「親子」は「親子」であると定義できるのでしょうか。生みの親より育ての親。生んだ子より抱いた子。赤ちゃんの取り違えをテーマにした映画や小説が話題になりましたし、あらためて考えると、案外定義があいまいだったりしませんか。

もちろん「誰の子か」というだけの話なら、女性なら自分の体から生まれてきた赤ちゃんが、まぎれもなく我が子であるのは明らかです。でも、男性側にとっては、悲しいかな、女性ほどには明白ではありません。この子ホントに俺の子？　なんて疑いだしたら、妄想がふくらんで際限がなくなってしまうかもしれません。

でも、法律はそれではダメなのです。親と子、特に父と子について、情緒的な問題は抜きにして、きちんと合理的に法律で定義を固めなければ、私たちが暮らす社会は混乱をきたしてしまうでしょう。

親と子。そして家族。いずれも法律で細かく規定が設けられていますが、実は近年の最高裁では、この「家族のあり方」をめぐる民法の問題が大きなテーマとなっています。

まずはそのあたりを最高裁のしくみを探る入り口にしていきましょう。

「妻が婚姻中に懐胎した子は、夫の子と推定する」（民法772条1項）

親子の法律上の定義は、このように規定されています。結婚している夫婦の間にオメデタがあれば、それは夫と妻の二人の子どもであるということを、民法は明文化しているわけですね。司法の世界では、この規定を一般的に**嫡出《ちゃくしゅつ》推定**と呼びます。

当たり前のことをわざわざ規定しているようにも感じる条文ですが、現実はそう甘くもありません。

たとえばこんなケースだったら、どうでしょう。

妻が密かによその男性と交際していて、その浮気相手との間に子どもができたとします。民法772条によれば、このような場合でも「夫の子」とみなす（推定する）ということです。

夫にとってはハードボイルドな展開ではありますが、この「嫡出推定」の規定に基づくと、子どもの法律上の父親は、夫となります。

民法772条　嫡出推定

夫にとっては理不尽にも思えるこの規定は、なぜ設けられているのでしょうか。

それは、法律上の父親を速やかに決めなければ、子どもの父親が誰なのかわからず、子どもの権利が著しく侵害されるからです。かりに浮気相手の男性がほおっかむりで逃げてしまっても、生まれてくる子に罪はありません。子どもには、平穏な環境で育てられる権利がありますから、嫡出推定は、親よりも、むしろ子どもの利益に重点が置かれた規定なのですね。

ちなみに、民法が施行されたのは、

明治31年(1898年)のこと。今から100年以上も昔のことですから、「子種が誰か」なんて、はっきりさせられない時代でした。子どもの顔や体型が夫と似ていなくとも、それどころか疑惑の間男と瓜ふたつだったとしても、血を分けた父親は誰なのか、証明する手立てがありませんでした。

また、当時は古くから続く家制度のなかで、家系を守るために正統な世継ぎを残すことも大事なテーマでした。さらに、夫以外の男性とのあいだにできた子どもの存在をつまびらかにするのは、恥の文化もあって憚られ、顕在化することも稀だったのです。

ところが時代は様変わりしました。結婚、家族、家父長的な家制度――これらへの価値観も、今やすっかり多様化しています。離婚するカップルは増え、核家族化も進み、時代はぐんぐんと進んでいます。

とりわけ大きく進歩したのが、医学や科学の先端技術です。明治以来の古い民法が想定もしていなかったような――おそらく当時からしたらSFさながらの――革新的な技術が現れたのです。特に親子関係をめぐっては。

そう、DNA型鑑定です。

このDNA型鑑定は、犯罪捜査で使われることでよく知られていますが、DNAを構成する塩基の配列パターン、いわゆる「DNA型」を調べれば、生物学的な親子関係が存在するかどうかもわかる鑑定です。父親と子どもの血縁関係の有無も、99・99%以上の精度で判別することができます。科学はときに残酷。もはや「他人の空似」ではすまされない出生の真実が、ありありと証明されてしまうわけです。

こうした科学技術の発展は、法律の面にも飛び火します。嫡出推定をめぐり、新たな問題が発生したのです。

法律上の父親と、血縁上の父親が異なっていることが科学的に証明されてしまった場合、果たしてどうとらえたらいいのか。生みの親と育ての親、どちらを優先するのかという問題です。科学技術が発達してもなお、明治時代の民法の規定を、教条的に守り続けられるものなのか。科学の進歩が最高裁に難問を突きつけたのですね。

民法は科学技術にひざまずくか

親と子の関係。血は水よりも濃いのか――。

2014年7月。最高裁でDNA型鑑定と親子関係をめぐる訴訟が、審理にかかりました。最高裁が嫡出推定にからめてこの問題を扱うのは、初めてのことでした。

俗世ならではの俗っぽい話が、知性のてっぺんでもある最高裁にまで届いたのですね。

審理されたのは、北海道の元夫婦と関西地方の夫婦、あわせて2件の訴訟です。いずれも婚姻中の妻が、夫とは別の男性との間にできた子を出産。その後、DNA型鑑定をして、血縁上の父子関係についてシロクロつけたうえで、「夫と子どもとの間には、血のつながりがないのだから、民法(嫡出推定)に基づく法律上の父子関係を取り消してほしい」——と訴えたのです。

2つの訴訟とも、「生物学的な父親を、法律上の父親として認めてほしい」という思いから、妻側が提訴しています。

それぞれどのような事情があって、訴訟に至ったのでしょうか。

まずはそこから探ってみましょう。

●事例1　北海道のケース

この元夫婦は1999年に結婚。10年後の2009年に妻が女の子を出産しました。09年当時はまだ北海道で結婚生活を続けていたので、民法の規定通り、夫が女の子の父親とされました。

いわずもがな……にも思えますが、この夫婦の詳しい事情をたどると、いささか込み入った様相が見えてきます。

妻は、勤務先の上司と交際しており、肉体関係を持っていたのです。09年、生理が来なくなった妻は妊娠を疑って病院で受診。すると、やはり妊娠していることが判明しました。妻によると、夫との性交渉はありませんでした。宿したのは上司の子であると確信しつつ、妻は夫には黙ったまま出産します。

驚いたのは夫です。「誰の子か」と尋ねると、妻は「2〜3回しか会ったことのない男の人」と答えたといいます。

それでも夫は、娘が自分の子ではないと知りながら、わが子として育てようと腹を決めます。ところが妻は夫との離婚を求め、約1年後に協議離婚が成立しました。娘の親権者は妻になり、以後、娘は妻のもとで生活。ほどなくして妻は、交際相手だった上司と再婚して、新たな家庭を築きました。人生、思うように事は運ばないものです。

では、なぜ妻側が訴えたのか。

娘の父親は元夫ではなく、再婚した男性であるということを、戸籍の上でも認めてほしい。血のつながった実の父親と、法律上でもつながりたい。

その願いに尽きます。

ＤＮＡ型鑑定では、再婚相手である男性と、娘との血のつながりは確実（99・99998％）。生物学的にいえば、娘の父親は、この上司と考えてほぼ間違いありません。

この結果に基づいて、妻側は「元夫と娘との間に父子関係がないことを認めてほしい」と裁判所に訴えたのです。

●事例２　関西地方のケース

関西地方のケースはどうでしょうか。

こちらの夫婦は２００４年に結婚した後、離婚することなく法律上の夫婦関係は続いています。ただし、夫は仕事の都合で単身赴任をしており、妻が暮らす実家には、月に２〜３回、休日に帰るという生活を余儀なくされていました。

そうしたさなかの２００９年、妻が別の男性とのあいだにできた子どもを出産。

夫が自分の子どもじゃないと気づいていたかどうかは、裁判の記録からは何とも言えません。

しかし、妻は離れて暮らす夫に、子どもの様子を知らせるメールを送り、子どもの成長にともなう折々の行事、お宮参りや保育園の催しなどには、夫婦二人で参加していました。休みが取れると、家族そろって泊まりがけで国内旅行をすることもあったといいます。

端からみれば、夫は子どもの父親としてふるまい、妻も子どもの父親がこの夫であるかのようによそおって、家族の関係が築かれていました。

しかしその後、二人の関係は破たん。妻は子どもを引き取って、交際相手の男性（子どもの血縁上の父）との生活を選択しています。

この関西地方のケースでも、「夫と子どもとの法律上の父子関係を取り消してほしい」と訴えたのは、妻の側でした。妻はＤＮＡ型鑑定により、夫の子どもではないとの結果を得て、提訴しました。

法律のすき間を判例が埋める

ところで、ＤＮＡ型鑑定という科学技術が登場する前、世の中の夫婦はすべて民法７７２条の「嫡出推定」のルールで父子関係が決められていたのでしょうか。

人生そんなに杓子定規にはいきません。やっぱり、そうそう踏ん切りを付けられない場合もあるわけです。法律がルールである以上、例外も当然ありえます。では例外をどうやって形づくるのか。

法律の世界においては、最高裁の過去の判断、**判例**がこうしたすき間を埋める役割を果たします。最上級審である最高裁の判断が、条文では補いきれない範囲を補完することによって、ルールに柔軟性を持たせているのですね。

たとえば嫡出推定にしても、何が何でもそれで押し通そうというわけではありません。過去の最高裁の判例をみると、嫡出推定が及ばないとする例もあります。

それは、夫が出征中▽夫が外国など遠隔地に居住▽刑務所に収監中――などの場合です。いずれも夫が遠隔地にいて、妻の体を触りたくても触れられず、性交渉がありえない状況を想定しています。民法は明治31年（1898年）に定められているので、想定が少し古めかしいといえば、古めかしいですが……。

このほかにも、離婚の届け出に先立って、約2年～2年半前から別居しており、夫婦の実態が失われていた場合――なども嫡出推定から除外されるとしています。

要するに最高裁は、結婚していても妻が夫の子どもを妊娠できないことが、見た目（外観）から明らかなときに限り、嫡出推定が及ばないとする考え方を採用しているのです。これを**外観説**といいます。司法業界の面々は、これを「通説・判例は外観説を採っている」――なんて通な言い回しを使います。

育ての親より実の親――1、2審の判決――

この2つの訴訟のように、父子関係がないことを司法に認めてもらうために起こした裁判を、**親子関係不存在確認訴訟**と呼びます。家庭内のもめごとですので、地方裁判所ではなく、まずは家庭裁判所(1審)で扱われ、控訴された場合は高等裁判所(2審)で審理されることになります。

驚くことに、この2件の訴訟、1、2審ともDNA型鑑定という精微な科学技術を評価して、「夫(元夫)と子どもの親子関係は取り消せる(=なかった)」という判決を出しています。これまでの枠組みとは異なる考え方を採り入れている面もありますので、是非の評価は別にして画期的といえるかもしれません。「親子」の定義をめぐって、新しい時代に一歩踏み出すような判断ともいえます。妻側の完全勝訴ですね。

それぞれの1、2審をたどってみましょう。

▼北海道の1、2審

北海道の家裁(1審)は、まず、子どもは夫婦が結婚していた期間に生まれ、外形的には夫婦関係が持続していたという事実を認定します。それでも、DNA型鑑定の結果から、夫と子どもとの間には生物学的な血のつながりがないことは明らかだとして、民法772条の嫡出推定は及ばない――との判断を示しました。

その理由を次のように示しています。

「嫡出推定制度は、家庭の平穏を維持し、子どもの養育環境を安定させることを目的としている。今回のケースでは、妻は夫とすでに離婚しており、子どもの実の父親と同居生活を始めているのだから、元夫との父子関係を取り消しても、制度の趣旨に反するとはいえない」

民法772条の目的は、子どもの利益を守ることでしたね。

穏やかな環境で育てられるという、子どもにとって望ましい環境を確保できるのであれば、子どもの利益は害されず、民法772条の本来の目的から外れるわけではない。ならば法律上

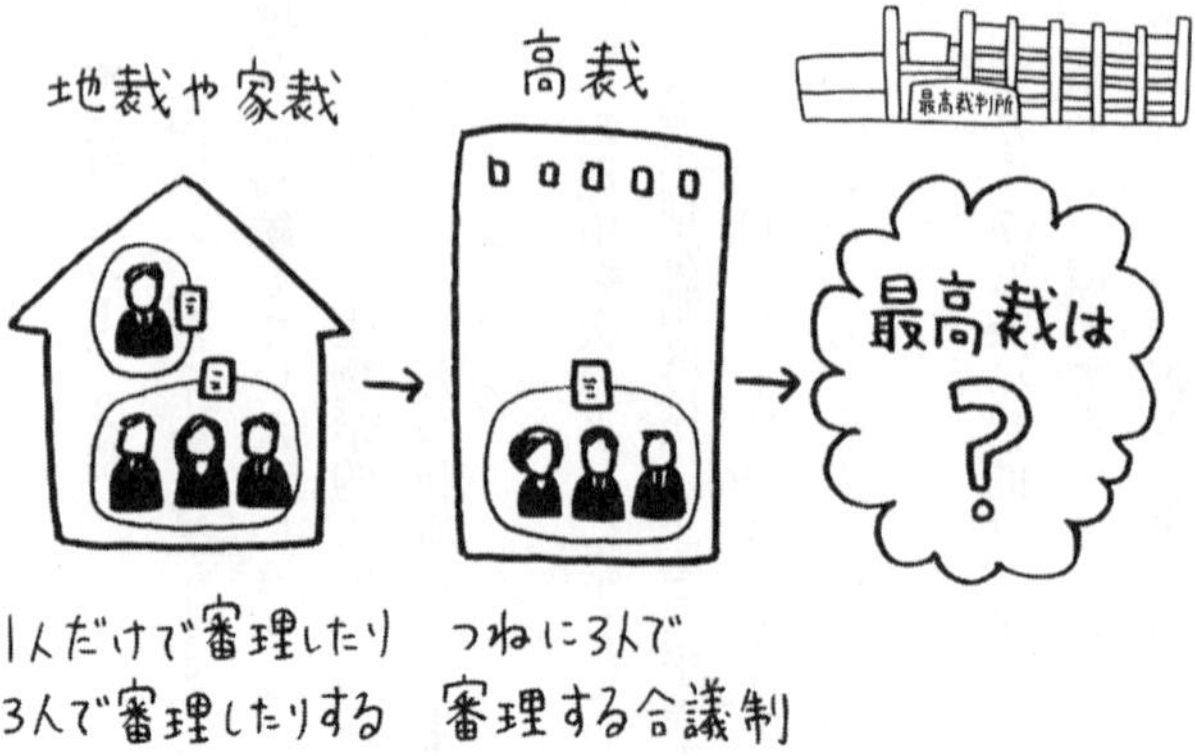

審理にあたる裁判官の人数

の父子関係を取り消すこともアリだ――平たくいうと、そういうことです。

ちなみにこの1審は、複数の裁判官で審理する**合議**ではなく、1人の裁判官だけで審理しました。担当したのは任官6年目の若い裁判官。地裁や家裁では、このように裁判官ひとりで審理する**単独審**が珍しくありません。

いっぽう高裁は、3人の裁判官による**合議制**。しかもベテランぞろいです。

3人でとことん協議して、全員の意見を一致させたうえで、判決を導きだします。

さらに上がって最高裁ともなると、5人または15人で審理するスタイルをとるのですが――それについては、後ほど詳しく解説することにして、先に進みましよう。

家裁（1審）の判決に納得がいかなかった夫は、札幌高裁に控訴しました。

しかし、3人の裁判官で審理した札幌高裁の判断も、1審と同じでした。そればかりか、高裁の判断はさらに一歩、踏み込んだものでした。

「嫡出推定の趣旨が損なわれない『特段の事情が認められる』場合、父子関係が存在しないことが客観的に明らかなのであれば、嫡出推定の適用除外を**外観説**だけに限定しなくともよい」

これは外観説に縛られなくてもよいケースだと、そう判決を下したのです。嫡出推定をめぐる新しい判断枠組みの登場です。

高裁（2審）の判決にも納得がいかなかった夫は、さらに上告。

決着は最高裁へと持ち込まれることになりました。

▼関西地方の1、2審

続いて、関西地方のケース。

こちらの夫婦、まずもって注目したいのは、夫が単身赴任をしている点です。嫡出推定の適用から除外されるケースとして、外観説では、外国滞在や別居などで夫婦が物理的に接触できない状況を想定していました。それなら、夫が単身赴任している今回の事例も、DNA型鑑定を持ち出す以前に、嫡出推定の適用をまぬがれる可能性があるのではないでしょうか。

まず1審。大阪の家裁は、はじめにこの疑問について整理します。

単身赴任といっても、夫は月に2〜3度は帰省していて、お宮参りや保育園の行事にも、夫婦そろって参加していました。そうした事実から、家裁は、少なくとも夫は自分が子どもの父親だと疑っておらず、夫婦のあいだには性交渉があったと推認できると指摘します。

であれば、判例が示すような嫡出推定の例外には当てはまらず、「そもそも親子関係不存在の訴え自体が認められないという結論に導くことも十分に可能」とまで言っています。いったんは、従来どおりの判例踏襲に舵を切りかけているのですね。

しかし、判決はここからグラグラと迷いをみせます。

「子どもと夫に偽りの父子関係を強いるのを裁判所が認めることが、果たして子どもや夫の利益に合致するのだろうか」

さはさりながら、

「夫が3年近くにわたり、愛情をもって子どもを育ててきた事実が容易に推認できる。不貞行為を行った妻が、夫の関与の余地がないDNA型鑑定の結果を突きつけて、それを否定することが許されるのか」――と。

相反する二つの情理に挟まれて、裁判官は迷います。こちらも単独審でしたが、担当したのは任官およそ20年の男性裁判官。人の世の理、人生の機微を知るにはじゅうぶんに経験を積んでおり、判決文にも人情が垣間見えます。

右へ左へと迷いながらも、結局はDNA型鑑定の結果に基づき、法律上の父子関係を取り消すことができるとの結論に至りました。

「夫に、なおも子どもの父としてふるまうことを強要するのは酷であり、また子どもにとっても、夫に父としてふるまわれるのは酷と言わざるをえない」。それが理由でした。

こちらも判決に不服だった夫は、高裁に控訴します。

2審の高裁でも、やはりDNA型鑑定による血縁の話が、判断の中心に据えられていました。高裁は、夫が子どもと血縁がないこと自体は争っていない（夫も認めている）ことや、子どもがいまや生物学上の父親を「お父さん」と呼んで順調に成長しているエピソードを新たに判決文に盛り込みました。

そうした事実に触れた上で「嫡出推定制度は、親子関係をすみやかに安定させる目的ではあるものの、その目的が、血縁上の親子関係を確認する利益よりも、常に優先するとは考えがたい」――として、ここでも踏み込んだ判断をしました。

「そもそもが妻の不貞が原因で、夫である自分には何の落ち度もない。この訴訟自体が、あまりに身勝手な妻のふるまい（権利乱用）じゃないか」

夫のこうした反論も

「訴訟は子どもの利益のために真実の親子関係を確認するもの。その重要性や公益性から見て、直ちにこの訴えが妻の身勝手なふるまい（権利乱用）とはいえない」

としりぞけたのです。

それでも納得できない夫は、最高裁へと上告。こうして関西地方の案件も、決着は最高裁へともつれ込むことになりました。

事実よりも理屈を判断　最高裁は法律審

ＤＮＡ型鑑定をめぐって、最高裁で初めての判断が示されたのは、最初の北海道の案件が上告されてから、２年以上が過ぎてからのこと。少し遅れて上告された関西地方の案件とまとめて、同じ日に判決期日が指定されました。

別々の訴訟なのに、２件まとめて結論を出すなんて、最高裁ってお座なりじゃないの？　もしかしたら、そんな思いを抱く方もいるかもしれません。

これには最高裁の大きな特徴のひとつ、**法律審**であることが関係しています。

裁判とは、真実が何であるのかを判断するもの。多くの方は裁判にそんなイメージを持たれているのではないでしょうか。

当事者双方の主張を聞き、物的証拠や証言をもとにして、本当のトコはどうだったのかをあぶり出す。事実関係をひとつひとつ洗い出し、裁判でシロクロ付けていく。これを「事実認定」といいますが、こうした事実認定の作業をするのは1、2審の大きな役割です。これを司法の業界では**事実審**と言います。

ところが、最高裁ではこうした「やった、やらない」のような事実関係については、原則、審理しません。

事実認定については高裁の判断をそのままキープする前提から出発し、あくまでも憲法や法律の問題のみを扱います。

ある法律が憲法に違反していないか、または1、2審の判断が法律の適用について過ちをおかしていないか、などを扱い、原則として事実関係の問題は取っ払って審理するため、最高裁は**法律審**と呼ばれます。

下級審に比べると、より観念的であるし、もしかしたら、そこが最高裁を僕たちから縁遠くさせている元凶なのかもしれません。

ですから最高裁では、それぞれ別々の事実関係で上告されてきた案件でも、争われている法律上の争点が同じなら、まとめて一気に判決を出すことがありうるのです。

同じ法律の問題に、統一の基準をあてはめることで、司法的に一貫した判断を示す。めいめいの争いに、共通のモノサシをあてがって、同種の訴訟にいちどに横串をさすという最高裁な

□地裁や家裁は事実審

□最高裁は法律審

だから

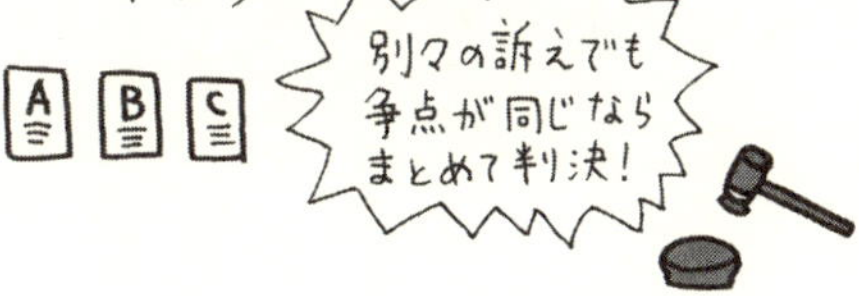

らではの取り回しです。

この理屈とリンクする最高裁のもう一つの特徴があります。それは、最高裁の判決は、やはり、それ以後の1、2審での裁判にも大きな影響を与えるということ。

最高裁が過去に扱った事例と似たような事例を1、2審が扱う場合、最高裁の判決やそこで示された判断の枠組みが、判例として「基準」、いわば「お手本」となるのです。それは考え方によっては、最高裁の判断が下級審を縛るという言い方もできますし、別の考え方をすれば、全国津々浦々の裁判所で公平な判断ができるということでもあります。

ですから、最高裁でこれまでの判例とは異なる判断が示されれば、それはエポックメイキングな新しい基準が登場したということ。その影響力は絶大なのです。「○○訴訟」や「○○基準」などと名前のついた大昔の有名な判例が、何度も判断の尺度として引き合いに出されるのを耳にしたことがある方も多いでしょう。

それだけに、今回のＤＮＡ型鑑定をめぐる親子関係不存在訴訟のケースでも、もし1、2審の通り、法律上の父子関係を取り消すことが可能という結論になれば、それは最高裁がお墨付きを与えたようなもの。今後も続くであろう親子関係不存在訴訟の歴史に、大変なインパクトを与えることは間違いないのです。家族をめぐる法制度の新しいページが開かれるといっても過言ではありません。

以上の特徴を踏まえて、いよいよ最終審である最高裁が示した判決がどうだったのか。引き続き、最高裁のしくみに密着しながら、事例を追っていきましょう。

DNA型鑑定との矛盾など百も承知

最高裁の出した結論は、「やはり法律上の父子関係を取り消すことはできない」でした。1、2審は「取り消すことができる」でしたから、最後の最後の土壇場で、逆転判決が出たのです。

たとえ夫と子どもとのあいだに生物学上の血縁がないことが、DNA型鑑定で明白になっていようとも、そのうえすでに夫婦は別居し、妻が子どもを養育している状況であろうとも、司法は従来どおり民法772条の嫡出推定を優先させ、法律上の父子関係を有効なものと判断する——。それが最高裁の答えでした。

要するに、いくらＤＮＡ型鑑定の結果をふりかざしても、法律上の父子関係はくつがえされるものではない。法律は「血は水よりも濃い」という古いことわざ通りの理屈にはならないということです。

最高裁はさらに、「法律上の父子関係が生物学上の父子関係と一致しない場合があるが、現行の民法の規定は、そうした不一致が生ずることも容認している」とも強調しました。

こんなケースも民法は織り込み済みだと、熨斗《のし》までつけての大逆転といえるでしょう。

実は、父子関係のあるなしをめぐっては、ＤＮＡ型鑑定が登場する以前から、血の問題があるにはあったのです。かつて血液型の矛盾（夫婦間では生まれえない血液型の子どもが生まれたケース）が争点になった訴訟があり、やはり血のつながりに忠実に父子関係を築いたほうがいいのではないかという議論が持ち上がったことがありました。

こうした考え方を**血縁説**というのですが、最高裁の判例は、嫡出推定から除外されるのは、すでに何度も出てきた**外観説**のようなケースに限定するという考え方を貫いてきました。

今回の判決も、その枠組みに沿って導きだした結論といえるのです。

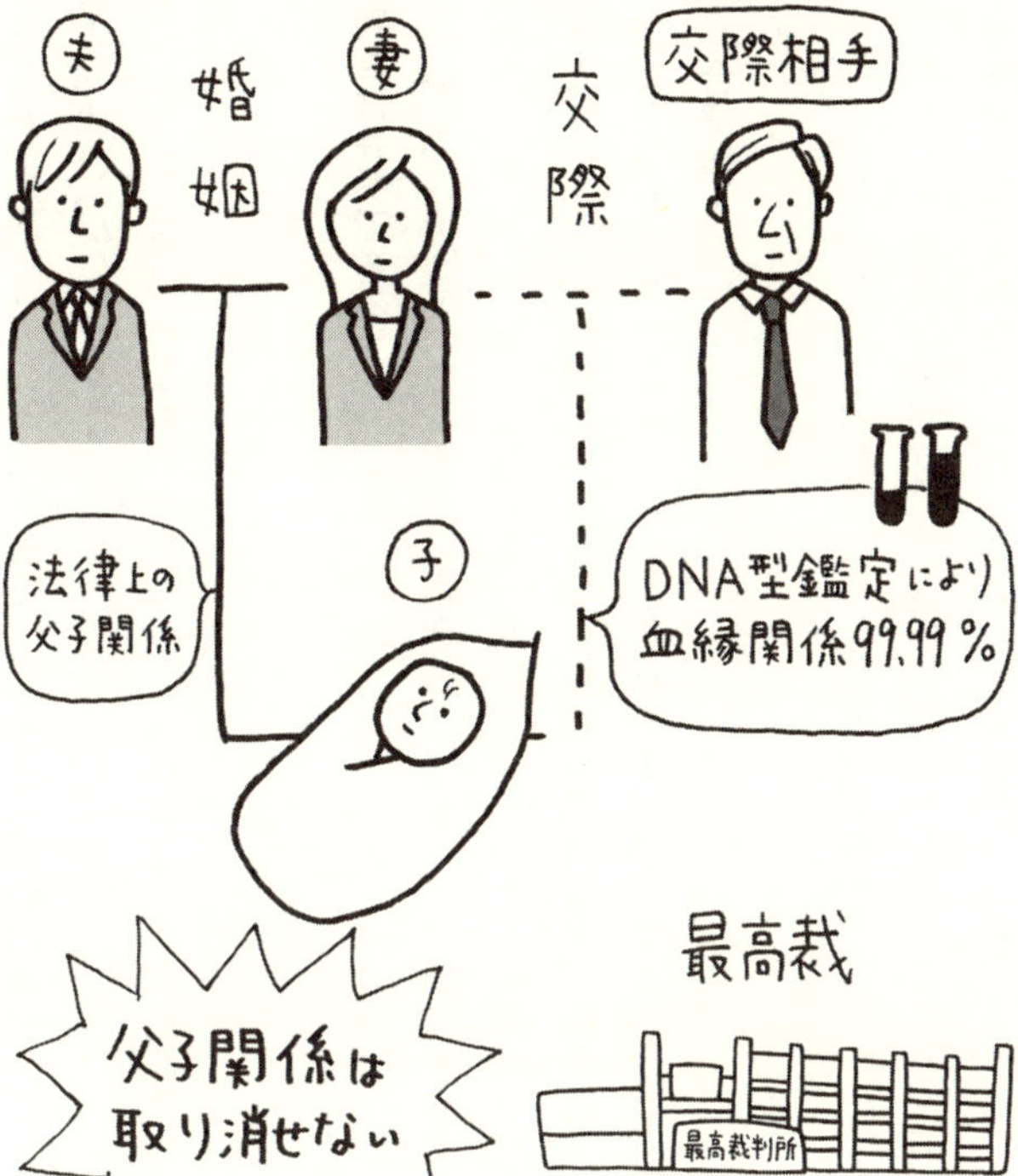
夫
婚姻
妻
交際
交際相手
法律上の
父子関係
子
DNA型鑑定により
血縁関係99.99%
最高裁
父子関係は
取り消せない
最高裁判所

ただ、審理をした裁判官5人のうち、賛成・反対の人数の内訳をみると、実はギリギリに拮抗。薄氷ものの判決だったのです。

え？　なぜそんなことまでわかるのでしょう。実はこれもまた最高裁の面白いところなのです。

最高裁の裁判官は弁明できる?

ここであらためて、最高裁の独特すぎる審理のスタイルについて押さえておきましょう。

すでに紹介したように、1審となる地裁・家裁では、ひとりの裁判官だけで審理する単独審もゴロゴロあります。ただ、訴訟の中身が少し複雑な場合など、複数の裁判官が関わって意思決定した方が望ましいケースでは、3人の裁判官で1つのチームを作り、審理に臨みます。このチーム体制を**合議体**といいます。

合議体は通常、

・裁判長――リーダーとして合議体を取り仕切るベテラン。「部総括」と呼ばれる
・右陪席――それより若手の裁判官。任官10年前後の中堅どころが一般的
・左陪席――任官したてのもっと若い裁判官。任官10年未満

——の3人で構成されます。

ひとつ上がって、2審の高裁となると、単独案件はありません。常に3人の裁判官による合議体で審理にあたります。ここでも、3人1組です。しかもその合議体はベテランぞろい。地裁で裁判長を務めてきた人など、熟練の裁判官たちが顔をそろえます。

また、1審・2審で合議体が出した判決は、3人全員による、3人全員一致の結論のみが公表されます。話し合い（評議）の過程でそれぞれの裁判官がどの論点を重視していたのか。意見がぶつからなかったのか。それぞれがどんな意見を表明したのか。すべてはブラックボックスです。

なぜなら、これらは**評議の秘密**と呼ばれ、その議論の過程や各裁判官の意見を暴露することはタブー中のタブーだからです。評議の内容を口外することは、裁判官にとって守秘義務違反にあたるのですね（裁判所法75条）。これは裁判官の職業倫理のなかでも、鉄則中の鉄則。イロハのイにあたる約束事です。

「裁判官は弁明せず」というおなじみの言葉の背景には、こうした法律の縛りがあるのです。

ですから僕たち新聞記者も、あくまでも3人の裁判官の〝総意〟とされる、最終的な判決だけしか知ることができません。その判決に至るまでの詳しい経過が世間に漏れることはありえないのです。

各裁判官の意見が分かれることを、俗に「合議割れ」というのですが、合議割れの判決というのは1、2審ではありえないわけです。

そんなに都合よく毎回、「全員一致」になるのかね？という疑問が、喉もとまで出かかってしまいそうですが——、とりあえず合議体とはそういうもの、とされていますので、これ以上は深入りせずに、話を進めましょう。きっと全員一致になるまで、とことん議論を尽くしているのでしょう。

「評議の秘密」や「合議体でのぶれない結論」。僕たちが何となく、裁判ってそうだよねとイメージしている通りの1、2審ですが、最高裁だけは、話が別。まったく独自のルールで動いています。


まず裁判官のメンツ。

地裁や高裁で裁くのは、いわずと知れた、職業裁判官です。難関の司法試験をパスしたプロフェッショナルですね。裁判員裁判では、それにプラスする形で市民の裁判員も参加します。

ところが、最高裁のメンバーはハナから職業裁判官だけではありません。最高裁の裁判官15人のうち、すくなくとも10人は法律家（裁判官・弁護士・検察官・法学者）から登用しなければいけませんが、その他の数名については、国家公務員のキャリアなど、まったくの異業種からも抜擢できるのです。

最近の出身母体の傾向をみると、全15人の裁判官のうち職業裁判官6人、弁護士4人、検察官2人、行政官2人、法学者1人――という構成になっています。

日本の最高水準の知性をブレンドするという考え方ですね。

最高裁では、この15人を3つのグループに分けて合議体をつくります。最高裁には単独審はなく、必ず合議審なのですが、地高裁が3人なのに対して、5人でひとつの合議体をつくります。

ひとつのテーマを原則5人で考える。1、2審よりも多くの意見を参考にするわけですね。この5人1組の合議体を**小法廷**と呼びます。最高裁は第1小法廷～第3小法廷まで、3つの小法廷で構成されています。

最高裁の裁判官は15名

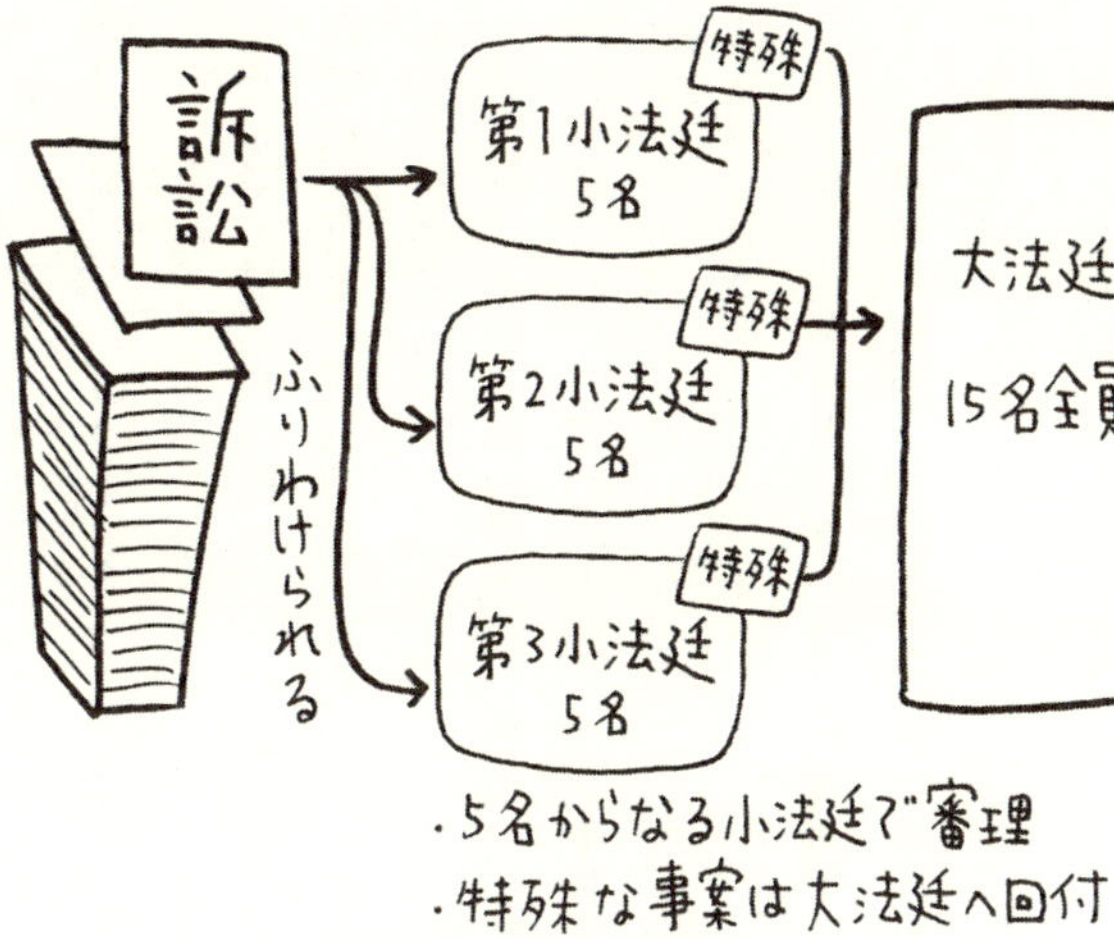

最高裁の審理の流れ

最高裁に上告されてきた案件は、まずはこの小法廷に振り分けられ、審理されます。

そして、最も重要な法規範である憲法に違反しているかどうかが争われる訴訟や、過去の判例の変更が問われている訴訟などは、15人全員で審理する**大法廷**へと回されます（**回付**といいます）。最高裁では小法廷と大法廷が入れ子構造になっているのですね。

上告事件は数が多いので、3つの小法廷で分担しよう。ただし司法の歴史に一石を投じるような重大な問題については、大法廷でみんなで判断しよう、という二段構えの体制です。

といっても、大法廷ともなると、先にあげたような特殊な事案しか扱いませんから、そう滅多に開廷されるものではありません。数ある上告事件のなかでも、ここ近年でいえば、年間1、2件ほど、といったところです。

そして、最高裁が他の1、2審と大きく違ってユニークなのは、なんといっても判決文のなかで裁判官それぞれの意見を大っぴらにできてしまうところです。それはすなわち、合議割れOKということ。

つまり、1、2審の職業裁判官にとっては鉄則だった「評議の秘密」の縛りが、最高裁では緩和されるわけですね。もし、地裁や高裁でそんな話を口外してしまったら、その裁判官は罷免もの。即刻クビでしょう。ところが、最高裁に限っては、自らの意見を表明することが許されているのです。

僕が最高裁を担当したのは、記者14年目のとき。司法の取材はそれなりにしてきましたが、1、2審の常識がつぎつぎと覆される最高裁のルールに、やはり「えーっ！」という新鮮な驚きを感じました。

もちろん、最高裁の判決で下された結論というのは、合議体の多数決で過半数を得たものになります。これを**多数意見**といいます。

いっぽうで、審理にかかわった裁判官は、多数意見(判決文そのもの)には含まれない自分の考えを、ひとりひとり明らかにすることができるのです。これを**個別意見**といいます。

個別意見では、多数意見と結論は同じ賛成の意見はもちろん、なんと判決に真っ向から反対する意見でも、オープンにすることが認められています。

ですから最高裁は、多数決の人数的な内訳はもちろんのこと、最終的な判決となった多数意見に誰が賛同したか、また、誰が反対したかまで、つぶさにわかるのです。

これは地裁・家裁や高裁と比べると、とても自由なシステムのように感じられますね。

個別意見が出ることで、それぞれの裁判官の考え方や価値観さえも垣間見ることができる――ここに、最高裁の味わい深さがあると僕は思っています。

合議割れOKだからこそ見える裁判官の素顔

では、本題に戻りましょう。DNA型鑑定をめぐる親子関係不存在訴訟は、最高裁でどんな議論が交わされたのでしょうか。

審理されたのは第1小法廷。スコアはなんと、3対2でした。多数意見が3人。反対意見が

2人。もしだれか一人の意見がひっくり返れば正反対の判決になったわけですから、大接戦です（ちなみに小法廷も大法廷も、こうして意見が割れたときに備えて、多数決で決着をつけられるように、頭数を奇数にしています）。

こんなに拮抗するなんて、知性の最高峰からのご託宣としてはちょっと頼りない？気持ちになるかもしれませんが、意見が真っ二つに分かれ、激論が交わされた形跡がうかがえるともいえます。

なぜそれほど議論が白熱したのか。さっそく個別意見で読み解いていきましょう。

「法律上の父子関係は取り消せない」とした多数意見に賛成したのは、櫻井龍子《りゅうこ》裁判官、山浦善樹《よしき》裁判官、横田尤孝《ともゆき》裁判官の3人でした。このうち、櫻井、山浦両裁判官は、自らの考えも個別意見として表明しています。

まずは女性の櫻井龍子裁判官から。

櫻井裁判官は、旧労働省の出身。行政キャリアから2008年に最高裁の裁判官に就任しました。最高裁では史上3人目となる女性の裁判官です。櫻井裁判官は、なぜ妻側の訴えを否定したのでしょう。

櫻井裁判官は、

「近年のＤＮＡ検査技術の進歩はめざましく、安価に、手術のような医療行為を伴うこともなく、ほぼ１００％の確率で、生物学上の親子関係を肯定できるようになった」

と、まずは科学技術への不安を打ち消します。

それでもなお、こう続けたのです。

「父子関係をすみやかに確定することで子の利益を図るという嫡出推定の機能は、現段階でも重要性が失われていない。血縁関係のない父子関係であっても、これを法律上の父子関係とすることには、一定の意義がある」

その理由は、以下に尽きるとしています。

「確実に判明する生物学上の親子関係を重視していくという立場もありうるだろうが、その立場を採ると、民法７７２条のコンテキスト（法律から想定される文脈）から乖離する」

なるほど、法律審たる最高裁らしい意見です。事実関係はいったん横において、純粋に法律問題としてこの事案をとらえた場合、血縁のあるなしを父子関係の根拠としてしまうと、７７２条の本懐から離れてしまうという考えなのですね。

たしかに民法772条の嫡出推定は、これまで、適用の除外ケースを、外観上明らかに妻と夫の体の接触がない場合に限定してきました。

もしDNA型鑑定という科学的証拠も、適用除外ケースとして組み込んでしまうと、これまでの判断枠組みが変わってしまうおそれも出てきます。

じゃあDNA型鑑定が登場したのに、このまま見て見ぬふりをしようというのか。

いいえ、そう言っているわけではありません。現行の民法の規定を保ったまま、解釈において融通を利かせるのは無理があるというのが櫻井裁判官の考えなのです。この問題について「解釈論の限界を踏み越えている」と指摘しました。

そして、立法、つまり国に対し、こんな注文をつけたのです。

「親子関係の法律は、公の秩序にかかわる国の枠組みの問題である。旧来の規定が社会の実情に沿わないのであれば、その解決は裁判所ではなく、国民の意識や子の福祉、養子や相続制度との調整など、諸般の事情を踏まえ、立法政策の問題として検討されるべきである」

最高裁に限らず、司法はあくまでも現行の法律にもとづいて審理をし、判決を下すことが求められます。判断のよりどころは、現行の法律です。

- 多数意見――多数決で過半数を得た意見.
  (判決そのもの)
  - 補足意見――さらに足りない言葉を肉づけしたもの.
  - 意見――多数意見に賛成ながらも理由づけが違うもの.
- 反対意見――多数決で少数派となった意見.

個別意見も種類はいろいろ

たしかに櫻井裁判官の結論は1、2審とは異なっています。しかし、今回のケースは、現行法の拡大解釈でもって父子関係を取り消すのには無理があり、もしそれをするならば、法律そのものを改正する必要がある――というのが、櫻井裁判官の意見なのですね。多数意見からはうかがい知ることのできない、櫻井裁判官ならではの考え方がわかります。

このように、判決文には各裁判官のいろいろな個別意見が付されます。櫻井裁判官のように、多数意見に賛成の立場から、さらに足りない言葉を肉づけして、自分の考えを明らかにするものは**補足意見**。おなじく賛成ではあるけれども、その理由づけが違うものは、単に**意見**。

そして多数意見に反対の立場から自らの考えをコメントしたものは、**反対意見**と呼びます。

続いて、山浦善樹裁判官。

山浦裁判官はもともと弁護士の出身です。弁護士枠の一人ですね。というと、エリート中のエリートのような印象も受けますが、山浦裁判官は、信州の自称〝寒村〟出身。家が貧しく、高校にも進学できない貧窮した生活でしたが、中学校の先生から奨学金を受けるようアドバイスを受けて、苦学して大学にも進学。卒業後は銀行に勤めるも挫折して、司法試験を受けて弁護士になったという苦労人です。最高裁のメンバーにも、こうした変わり種の裁判官がいるのですね。

この山浦裁判官も、血縁関係がないことを証明するDNA型鑑定の結果だけをもって、法律上の父親との父子関係を取り消すのはダメだという考え方です。「民法772条の文脈や、これまでの判例と整合しない」と否定的な意見を示しました。

さらに山浦裁判官は今回の2件の訴訟のように、

①出生の秘密もあらわになっており、妻と夫がすでに別居していて、子どもは妻のもとで育てられている。

なおかつ

②血のつながった実の父親と、法律上の父子関係を確保できる状況にある。

というDNA型鑑定＋αのケースについても考察して、それでもやはり親子関係は取り消せないと判断しています。

「裁判で親子関係が争われ、①、②の要件が認められなかった場合(たとえば妻側が①、②を満たしていると主張しているだけのケース)は、DNA検査に含まれる重大なプライバシー情報が訴訟の場に提出されたうえ、家庭の平和が害されたという結果のみが残される」という散々な結果が想定されるのが理由です。

また、今回の2件は、子どもがまだ幼いため、母親である妻が法定代理人となって、訴えを起こしていました。法律上は認められる正当な手続きですが、山浦裁判官はそのことについても私見を述べます。

「年齢的にみて子の意思を確認することができない段階で、子を育ててきた夫の意思を無視して、DNA検査に基づいて子の将来を決めてしまうのには躊躇を覚える。とりわけ法律上の父と母のあいだで、離婚などをめぐり感情的な対立が続いているなかで、子の意思を確認することもなく、その父子関係を決めるのは適切ではない」

まだ右も左もわからない幼い子どもには意思確認ができませんから、妻が代理人として訴訟の舵を取ることになりますが、そんなふうに大人同士が勝手に決着をつけていいものか――たしかに難しい問題です。

では、子どもが成長して、適切な判断力を備えたらどうなのでしょう。山浦裁判官は、「子ども自身が訴訟を起こし、父子関係を争う機会を設けることも考えられるが、これは(現行法の)解釈の枠を超えた立法論というべきだ」として、やはり国の対応が必要だとの見解で結んでいます。

櫻井裁判官にしても山浦裁判官にしても、「現状のままでいい」という認識から結論を導きだしているわけではないのですね。司法の範囲を超えているので、立法からのアプローチをすべきだということです。

このように個別意見には、その人個人の心情がにじみ出ます。今回のケースでは、2人の裁判官の苦渋の判断が読み取れるようにも思えます。

面白いことに、多数意見を占めたのは、行政官の櫻井裁判官、弁護士の山浦裁判官、検察官の横田裁判官の3人。いずれも裁判官出身ではない3人が、「DNA型鑑定では、父子関係は取り消せない」という逆転判決を支持したことになります。

最高裁裁判官が見せた人情

では、「父子関係の取り消しを認める」との反対意見を表明したのは誰でしょうか。

それは、裁判官出身の2人でした。

プロとして実務経験を40年以上も積んできたバリバリの裁判官2人が、現行法の判断枠組み（外観説）を超えるような画期的な意見（おしくも多数意見とはなりませんでしたが）を唱えたのです。

まず一人は、金築誠志《かねつきせいし》裁判官。

金築裁判官は、刑事と民事、両方の裁判長をつとめたことのある、とても珍しい経歴の持ち主です。裁判官といっても、やはり人の子。超人ではありませんから、たいていの場合は、民事あるいは刑事のどちらかを専門としています。

ところが金築裁判官は、その両方で活躍していて、裁判所内でもスーパーマンとの呼び声が高い人でした。僕が記者として最高裁を担当したときは、もう退官間近ではありましたが、それでも、独特の威厳がありました。

金築裁判官は、大阪高裁のトップ（長官）を経て、最高裁の裁判官に就任しています。

さっそく金築裁判官の反対意見を見てみましょう。

金築裁判官はまず、「血縁関係があって現在同居している父」と「もはや同居はしていないが法律上の父」のうち、どちらがより子どもにとって父親として望ましいか、それを判断のポイントに掲げます。

そして、「『血縁関係にあり、現在同居をしている父子関係』のほうが、より安定的で永続的」だと筋道立てます。

また、今回訴訟を起こした2組の夫婦の状況を現実的に考えても、「別居している夫が子どもの養育に関与することは事実上困難であり、子どもにとっても、血縁関係のない夫が法律上の父親であり続けることは、心理的、感情的な不安要因になるのではないか」と懸念を示します。

こうした状況を踏まえると、親子関係不存在の訴えを認めないことは、「子どもから父親を求める権利を奪っている面があることを軽視すべきではない」と踏み込むのです。

夫婦関係が破たんしていて、子どもの出生の秘密もあらわになっていて、なおかつ血縁上の父との間で新たに法律上の親子関係を確保できるのであれば、（現在の）法律上の父子関係の取り消しを認める――。これが、金築裁判官の考えです。

入り口は山浦裁判官と一緒ですが、出口である結論は相反するのですね。金築裁判官の考えに基づけば、法改正をすることなく、現行の民法の規定のまま、解釈の幅で、父子関係を取り消すことができます。金築裁判官は、従来の外観説の枠組みを広げる考え方を打ち出したといっていいでしょう。

櫻井裁判官や山浦裁判官は、それをすると現行規定の法的な安定性が損なわれると危ぶんでいましたが、金築裁判官は、「嫡出推定の機能は後退することにはなるが、実質的に同制度の立法趣旨に反しない場合に限って『例外』を認めようということであって、制度自体が空洞化するわけではない」と、やわらかくとらえているのですね。

さらに金築裁判官は、こんな言葉も補っています。

「そもそもの原因が妻の不倫にあることから、この訴えを認めることに躊躇を覚えるかもしれないが、その点は過去の判例も同様である。父子関係の確定という、子がそのアイデンティティの問題として最大の利害関係を持つ事柄について、そういった（不倫という）事柄を訴えの適否に影響させることは相当ではない」

父親が誰なのかは、子どもにとって重大な問題。そもそも不倫で始まったトラブルじゃないか、みたいな男女の事情は、判断材料に入れないでおきましょうってことですね。最高裁の場合、事実関係をうんぬんする事実審ではなく、あくまで法律の解釈を問う法律審であることはすでに説明しました。

しかし金築裁判官は、この個別意見で「事案の解決の具体的妥当性こそ、裁判の生命だ」と強調します。今回のようなケースにおいても、抽象的な法的安定性の維持を優先するがあまり法律論に凝り固まることは、良いとは思われない――。そんなスタンスでの判断を示したといえるのでしょうね。

裁判官の常識は世間の非常識。ともすれば、そんな言い方で揶揄されるお堅いイメージのある裁判官ですが、裁判官出身のプロ中のプロがこういった思い切った意見を述べている場面に出くわすことができるのも、最高裁の醍醐味です。

反対意見を述べたもう一人、白木勇《ゆう》裁判官も、刑事裁判を畑として、東京高裁の長官を経て最高裁まで上りつめた大のベテランです。

白木裁判官も、ＤＮＡ型鑑定で父子間の血縁関係がほとんど誤りなく判別できるようになったことに触れ、「民法制定当時には、およそ想定もできなかったことで、父子間の血縁関係の存否を明らかにし、それを戸籍の上にも反映させたいと願う人情は、ますます高まりをみせてきている」と理解を示しています。

そのような世情を踏まえて、

「民法の規定する嫡出推定の制度と、真実の父子関係を戸籍にも反映させたいと願う心情とを、適切に調和させることが必要。日々生じる新たな事態に対処するためには、さしあたって個別の事案ごとに、適切で妥当な解決策を見出していくことの必要性も否定できない」

そう言葉を重ねています。ひとつひとつの訴訟にあたり、民法の本旨と、より現実に即した対処とのすりあわせを重視していることがうかがえます。

どうでしょう、反対意見にも一定の「理」があると思いませんか。家族をめぐる訴訟に限らず、最高裁は２０００年代に入って、こうした個別意見をつける判決が増えています。

個別意見は新聞や最高裁のウェブサイトにも載っていますから、ほかの判決で賛成、反対を読み比べてみるのも、面白いでしょう。

最高裁の裁判官もやはり人の子。金築裁判官もそうですが、白木裁判官も、四角四面の法律論ではなく、〝人情〟の面を強調しているのが印象的です。

というわけで、DNA型鑑定をめぐる最高裁の判決は、生粋《きっすい》の裁判官2人が判決に反対を示し、それ以外の3人が賛成。

3対2という大接戦の末のどんでん返しで、上告した夫側の勝訴となったわけです。

このように、最高裁の審理というのは、法律の条文を文字通りに解釈するのではなく、その条文がそもそも何を目的として作られたのかという芯の部分をとらえて、ときに柔軟に解釈することまで求められます。

医学、科学の発達した現代からみたら、古い民法は穴だらけ。今後ますます、法の解釈の重要度が増していくことでしょう。

血は水より濃いと言われても　父親の思いをたずねて

ところで今回の訴訟、子どもと血がつながっていないのに、夫はなぜ最高裁まで争うほど「父親」の立場にこだわったのでしょうか。

実はこの点が、裁判を超えて僕のわからないところでもありました。判決の約1か月前、僕は北海道に飛びました。やはり、生の声をじかに本人から聴いてみたかったのです。

北海道でお会いした夫(北海道案件の当事者)は、おもいのほか実直そうな方でした。緊張で細い体を少し縮こませて、それでも時折、身振り手振りを交えながら見せてくれたのは、数百枚を超える子どもの写真と、子どもが愛用した小さなおしゃぶり。

「あなたの子どもじゃない、なんて言われても、一度でも抱き上げたら、情は移ります。それなのに離婚して、しかも『血がつながってない』という理由で子どもとさえ離れ離れになるなんて、つらすぎます」。写真を撮った時のエピソードなども交えながら、何度も何度も「つらい」という言葉を繰り返しました。

東京は初夏を迎えていましたが、北海道はまだ冷え込みが厳しく感じられました。長い取材を終えると、「せっかく北海道に来たんですから」と、夫は地元の人しか知らない路地裏の小さなラーメン屋に僕を連れていってくれました。老夫婦が運んでくれた湯気の立つラーメンをはさんで、夫は少し気が緩んだのか、独身時代に旅をした思い出や、今の仕事のこと、北海道の凍えるような冬の寒さのことなどを楽しそうに話してくれました。

判決の日。

夫は北海道から遠路をいとわず、東京・霞が関ちかくの最高裁まで足を運び、逆転勝訴の結末を聞き届けました。

「やっと父親と認められた。これで娘に会える」

1審判決から4年。誰もが意表を突かれた筋書きに、夫は会ってから一番の笑顔を僕に見せました。

親子――その本質は、血のつながりか、育てた日々か。

そもそも民法が一律に定義できる話でもないのでしょう。

世阿弥の花伝書に「心より出でて形に入り、形より出でて心に入る」という言葉があります。心を伝えるために形があり、また、形に託して心を伝える。どちらか一方があればいいというものではありません。

親子関係不存在訴訟の多くは、それぞれの親の思い(心)と、戸籍という様式(形)、これらを調和させたいという声なのかもしれません。

こうして今日も最高裁は、切なる声に耳を傾けているのです。

【コラム】

夫の反論は可能か　「嫡出否認」の選択肢

ヤボな話をひとつ。

ところで、民法772条は「妻が婚姻中に懐胎した子は、夫の子と推定する」と定めていますが、この嫡出推定は絶対的なものなのでしょうか。夫は反論の余地もなく、自分と血のつながりのない子どもを、自らの子として認めざるをえないのでしょうか。

実は、そんなことはありません。

民法は嫡出推定の規定に呼応して「夫は、子が嫡出（法律上の夫婦から生まれた子）であることを否認することができる」（774条）とも定めています。

いくらなんでも夫にだって、自分と血縁のない子どもを「俺の子じゃない」という権利があるというわけです。これを嫡出否認といいます。

ただし、すでに説明したように、もともと婚姻中に生まれた子どもを、法律上の夫婦の子どもとする嫡出推定の目的は、子どもを早期に安定した環境で育てるため、父子関係を安定させることです。ですから、だらだらと、たとえば子どもが5歳にも6歳にもなってから、急に「わが子ではない」と言い出すわけにはいきません。

そこで、この嫡出否認には、時間的な縛りをかけています。

「嫡出否認の訴えは、夫が子の出生を知った時から1年以内に提起しなければならない」（777条）という規定です。

つまり夫は、子どもが生まれたことを知ってから1年以内であれば、「俺の子じゃない」と主張して、嫡出推定を逃れることができるのです。北海道と関西、両訴訟とも夫がこの嫡出否認をせずに、むしろ自分が子どもの父親だと主張をしているのですね。


こぼれ話をしましょう。

判決が出た同じ日、第1小法廷では、実はほかにもう1件の訴訟の判決も言い渡されました。同じく親子関係不存在を訴える訴訟ですが、こちらもちょっと複雑なケースでした。

四国地方に住む男性が、婚姻中に妻が妊娠した子どもについて、自分が法律上の父親ではないことの確認を求めた訴訟です。

この夫婦のあいだには、子どもが5人。

5人目の子どもの妊娠が寝耳に水だった夫が、DNA型鑑定を実施したところ、夫とその子どもに血縁関係がないことが判明。よその男性との子どもだったのです。

さらに3人目、4人目の子どもにもDNA型鑑定をしたところ、なんとこちらも夫の子ではありませんでした。納得がいかない夫は、自分と血がつながっていない子どもとの父子関係は認められないとして訴訟を起こしたのです。すでに3人目は4歳、4人目は2歳。嫡出否認は、出生を知ってから1年以内の期限がありますから、とうに過ぎています。

最高裁の出した答えは、裁判官5人の満場一致で「父親の訴えは認められない」でした。この訴訟では、1審2審ともに、同様の判決が出ています。

北海道のケースや関西地方のケースに比べて、キッパリしていますね。

それもそうです、前の2件は、「法律上の父と血縁上の父、どちらが子どもの親として望ましいか」「どちらがより安定的な父子関係を築けるか」という「子どもの利益」を重視するからこそ、民法772条と実生活との落としどころを模索していたわけです。

しかし、四国のケースは違います。

夫が「自分の子どもではないので、父子関係を取り消したい」と訴えているだけであり、それを認めたところで、どう転んでも子どもの利益にはなりえません。血縁上の父親と新しい家庭を築くわけでもないですし、子どもにとって何のメリットにもならない訴えです。

夫は嫡出否認ができる1年間が過ぎてしまった後は、単にDNA型鑑定の結果だけを握りしめて「自分の子ではないから、父子関係を取り消したい」といっても、時すでに遅し。取り合ってもらえないのです。

第2章　夫は「主人」ではない　妻のアイデンティティ
——夫婦別姓にみる大法廷——

結婚したら夫も妻も同じ姓？　世界は昔は……

きわめて身近でウェットな家族の問題を、最高裁が知的にロジカルに考える。第1章では「親子」をテーマに取りあげました。この章では、おなじくありふれた「夫婦」を題材にしながら、さらに深く、最高裁のしくみを紹介していきます。

好きな人と結婚すること。夫婦になること。それは、男性にとっても女性にとっても、人生の大きな節目と言っていいでしょう。では、昨日までアカの他人同士だった男女がひとつの家族になったという実感が湧くのは、どんなときでしょうか。

結婚式で周りに祝福されたとき、役所に婚姻届けを出したとき、それとも2人でひとつ屋根の下に暮らし始めた夜……。結婚されている方には、きっと、さまざまな思い出があるかと思います。

なかには、2人が同じ名字(姓)になることで、「結婚したんだ!」と感慨に浸った方もいらっしゃるでしょう。

結婚した男女は、2人で同じ名字を使う。現在の日本では、法律でそう決められています。でもそれって本当に当たり前のことなのでしょうか? 結婚した夫婦が同じ姓を使うように法律で定められている国は、世界を見渡しても日本だけといわれています。

たとえばアメリカは州ごとに規定が異なりますが、夫婦で同じ姓を名乗っても良し、別々の姓を名乗っても良し。夫婦別姓もOKなのですね。それどころか、両方の姓を盛り込んでしまう「複合姓」が認められている州もあります。ヨーロッパはどうかというと、イギリスやフランスなどは、もとから規定自体がありません。

個人を尊重する文化の西欧にくらべて、家族の習俗に重きを置くアジアは同姓が多いかと思いきや、そうでもありません。中国やタイも、夫婦別姓なのです。

なんだか、外国ってずいぶん自由なのですね。是非論は別として、こと夫婦の姓のあり方をみると、日本はガラパゴス化しているのです。

各国の夫婦と子どもの姓の選択肢

	夫　婦	子ども
日　本	同姓(夫か妻の姓)	夫婦の姓
オーストリア	別姓，同姓，結合姓	父の姓，母の姓，結合姓 複数の子の姓は統一しなくてもよい
ドイツ	別姓，同姓 姓を変更する側は結合姓も可	父の姓，母の姓
フランス	別姓，同姓，結合姓	父の姓，母の姓，結合姓
トルコ	夫の姓に統一 妻は結合姓も選べる	父の姓
オーストラリア	別姓，同姓，結合姓	父の姓，母の姓，結合姓
アメリカ	州によって異なる	州によって異なる
韓　国	別姓	父の姓が原則 婚姻時の話し合いで母の姓も可
中　国	原則別姓	父の姓，母の姓 複数の子の姓は統一しなくてもよい
タ　イ ※名と姓のいずれも，良運を願い頻繁に変更，ニックネームの使用も一般的	別姓，夫の姓で同姓，結合姓	父の姓

といっても、日本も昔から夫婦同姓だったわけでもないのです。鎌倉幕府を開いた源頼朝の妻は、北条政子を名乗っていますし、室町時代の足利義政の妻も、日野富子で通していました。別姓とは少し違いますが、幕末の動乱期には、桂小五郎が木戸孝允に改名したり、村田蔵六が大村益次郎になったりしたのはよく知られています。まるで今の芸能人のよう。

明治時代に戸籍制度が確

立し、誰もが名字を持つまでは、日本も、下の名前も含めた姓名の取り扱い自体が、かなり大ざっぱだったのですね。

ということで、今回のテーマは**夫婦別姓**。

「結婚した男女が同じ姓を使わなきゃいけないって法律で縛るなんて、おかしくない？」

そんな疑問を持った人たちが、最高裁に判断を仰いだ話です。

法は変われど男性優位は明治のまま

「夫婦は、婚姻の際に定めるところに従い、夫又は妻の氏を称する」（民法750条）

この条文は、結婚した男女が同じ姓を使うことを規定しています（本文中は以下、「氏」を「姓」とします）。

婚姻届を出して、それが受理され、新しい戸籍をつくるとき、2人の姓を統一しなければなりません。このとき、夫と妻のどちらの姓を選んでもよいのですが、いずれにしても民法75

０条により、夫婦は同姓にしなければいけません。

今ではすっかり当然のものとして定着している「夫婦同姓」の制度ですが、この規定はいつごろ、どんな経緯で誕生したのでしょうか。

民法７５０条のルーツをたどっていくと、明治31年（１８９８年）までさかのぼります。当時制定された条文は、こうでした。

「妻ハ婚姻ニ因《よ》リテ夫ノ家ニ入ル」（明治民法７８８条）

結婚とは、男女が同じ「家」に入ること。姓は「家」の総称。今から１００年あまり前、明治民法が制定された当時の条文は、家父長的な性格の強い「家制度」が強く反映されたものでした。そう、嫁入りの時代です。

女性が結婚すれば、それはすなわち夫の「家」の一員として組み込まれること。結婚は、個人の問題というより家族の問題だったのですね。ですから当然、夫婦の姓は（婿入りなどの例外は別として）、「家」をあらわす夫の姓に統一するのが習わしでした。

それから時代は下り、昭和23年（1948年）。

ようやく明治民法が改正され、結婚後に名乗る姓は「夫または妻」、どちらの姓を選んでもよいことになりました。男女同権の気運が高まるなかで、民法にも改正の手が入り、「結婚後の姓は夫と妻のどちらの姓を選んでもよい」とされたのです。

第二次世界大戦も終わり、古くからの家制度が廃止され、女性にも参政権が与えられ――と、社会のなかでだんだんと女性の権利が拡充されたころ。まさに女性の夜明けの時代です。

こうして夫婦の姓に関するルールは大局的には緩和されたのですが、ひとつだけ根強く残された条件、それが夫婦同姓でした。

民法750条は「夫又は妻の氏を称する」としているわけですから、夫婦はいずれにしても、どちらかの姓にそろえなければ、婚姻届もはじかれるということですね。

今や戦後70年が過ぎ、女性の社会進出はめざましくなる一方です。

独身の女性が職に就くのはもちろんのこと、結婚した後だって共働きが珍しくありません。まだまだ少ないとはいえ、会社の役員に女性が名を連ねるケースもありますし、政界を眺めれば、女性の政治家も増えています。

むかし
明治民法788条
「妻は婚姻によりて夫の家に入る」
夫のイエの一員になります…
基本的には夫の名字に統一
改正されたのに…
いま
現行の民法750条
「夫婦は～夫または妻の氏を称する」
それでもやっぱり夫の名字にそろえます
今でもほとんどの夫婦が夫の名字を選んでいる

この社会で暮らすにあたって、性別の違いによって得られる権利に差がないように、世の中のしくみは変わりつつあるといえるでしょう。

ところが、です。

こと夫婦の姓をとりまく現状に目をやると、男女の差が旧態依然としているのです。

民法750条によれば、法律上は、夫の姓を名乗っても妻の姓を名乗ってもいいはず。それなのに実際に婚姻届を出した夫婦のうち、実に96%が夫の姓に統一しているのです。夫が妻の姓を名乗っているケースは、わずか4%(厚生労働省調べ)。

ということは、結婚するにあたって、ほとんどの女性が自分の姓を手放しているわけですね。しかし、夫と姓をそろえることに、すべての女性が喜びを感じるとはかぎりません。

最近は女性の平均初婚年齢が30歳に近づき、晩婚化も進んでいます。生まれたときから使ってきた姓を、昔よりも長く使う傾向にもなっていますから、慣れ親しんだ姓を手放すことに、心理的な抵抗も大きくなるでしょう。ましてや今は、結婚してもしなくても、女性が働いているのが当たり前の時代。職場で昨日まで「田中さん」だった女性が、結婚した日から急に「山下さん」に変わることで、不都合を感じることもあるでしょう。

また、気持ちの話だけでなく、姓が変わることによって生じる実務的な煩雑さはいうに及びません。パスポート、免許証、銀行口座、クレジットカードの名義など……。いちいち変更の手続きをするのが面倒だという女性もおられるでしょう。

さらに大離婚時代ともいわれるこのご時世、結婚したカップルの３組に１組は離婚しているというデータも出ています。一生のうちで複数回、姓を変更した経験をもつ女性も増えています。

例をあげればキリがありませんが、それほどに夫婦のありようが昔とは様変わりしている。もはや昭和は遠くなりにけり。なのに、こういった姓にかんする実務的、および心理的なわずらわしさを、ほとんど妻（女性）の側が一手に引き受けているというのが実状です。

民法７５０条は表向きこそ「どっちの姓を選んでもいい」と言っているけれど、実態としては女性ばかりがワリを食っている。「結婚しても、やっぱり使い慣れた旧姓のままでいたい」「夫婦同姓を強要するなんておかしい」と声をあげる女性が出てきても、不思議はありませんね。

民法750条が定めている**夫婦同姓制度**。

これまで特に不満を抱くこともなく受け入れてきた方も、いったん頭をまっさらにして考えてみましょう。

結婚したら夫と妻は同じ姓を名乗るという夫婦同姓の制度は、法律で決められている以上、本当にしかたのないことなのでしょうか。それとも、この民法の規定自体がおかしく、どこか無理があるのでしょうか。

あるいは規定自体がおかしいとはいわないまでも、この規定があることで結果的に男女差別を助長しているのでしょうか――。

最高裁は「憲法の番人」　最大の武器は「違憲審査権」

民法750条の規定は、たびたび議論のテーマに持ち上がることはありましたが、これまで一度も改正を見ていません。

しかし、ついに2014年、夫婦同姓に反対を訴える裁判が最高裁へと持ち込まれました。

男女5人からなる原告団が、国を相手にこう訴えたのです。

「夫婦別姓を認めない民法750条の規定は、憲法が保障する『個人の尊厳』や『夫婦の平等』を侵害している」

「夫婦ともに旧姓を使えるように法律(民法)を改めない国には、問題がある」

訴えの内容は、きわめてシンプル。いうなれば「夫婦別姓を認めてほしい」という一言に尽きます。

しかし、シンプルさは、ときに物事を究極に洗練させるもの。まさにこの夫婦別姓訴訟こそ、**憲法の番人**の異名をとる最高裁の神髄に迫る裁判だったのです。なぜなら最高裁の最大の武器ともいえる、**違憲審査権**が行使されるテーマなのですから——。

皆さんは、違憲審査という言葉を聞いたことがあるでしょうか。

国(立法)がつくった法律や規則が、憲法の精神と食い違ってるんじゃないの？　と疑いが生じた場合に、裁判所(司法)が、それを判断するシステムです。

憲法でも、違憲審査権が最高裁にあることを明文化しています。

「最高裁判所は、一切の法律、命令、規則又は処分が、憲法に適合するかしないかを決定す

る権限を有する終審裁判所である」（憲法81条）

この違憲審査権。いきなりスゴいシステムだといわれても、すぐには心に響かないかもしれませんが、三権分立にも密接にからんでいます。実は最高裁のしくみのなかでも背骨ともいえる、極めて肝要な権限なのですね。

じゃあ、いったいどのような場面で違憲審査権が武器となるのか、また、なぜそれが最高裁にあたえられているのか——。腹の底まで腑に落としていただくには、いくつかの前提知識が欠かせませんから、少しまわりくどくなるのをご容赦いただいて、まず、必要となる土台から積み上げていきましょう。

法と法がぶつかる？——憲法訴訟の構図——

まず今回の訴訟は、誰が誰を訴えているのでしょうか。

誰が、はいうまでもなく原告団の男女5人ですね。

では原告団の方たちが、誰を訴えているのか。

「国」ですね。

民法を改めてほしいのに、一向に改めない（民法の改正を怠っている）として、国を責めているという構図です。

訴訟や裁判というと、具体的な個人を相手どって訴えるパターンがおなじみかもしれませんが、実際には、訴える対象は特定の個人だけとは限りません。場合によっては「国」が被告になることもあるのですね。

そして、この夫婦別姓訴訟は「誰が誰と争っているのか」と並行して、「何と何が対立しているのか」を理解するのが、とにもかくにも大切なポイントです。

たった今「原告団vs.国」という構図を説明しましたが、この訴訟の本質を抜き出すと、それと同時に、「民法vs.憲法」という対立の構図も立ち現れてきます。

つまり、表面的にはプレイヤーとしての原告団と国との対立なのですが、本質的には「民法750条は憲法に違反しているのではないか」という、民法と憲法の対立なのですね。

ふたつの位相での対立が重なっていますが、裁判としては、むしろ後者の「民法vs.憲法」のほうが、より心臓部であるといえます。

原告の主張している内容は一見素朴ながらも、構造的には厚みがありますので、ここはよく意識しておいてください。

このように、問題解決に憲法判断が求められる訴訟を**憲法訴訟**といいます。

憲法と法律のデリケートな関係

ある法律が憲法に違反しているかもしれない？ そんなことが、どうして起こりうるのでしょうか。

憲法とその他の法律がお互いにどういった関係にあるのか。ざっと要所だけつまんで、さらっておきましょう。


民法、刑法、商法、それから民事訴訟法に刑事訴訟法、あるいは身近なところをあげれば道路交通法に労働基準法、DV防止法などなど……、とかくこの世は〝法〟だらけ。

こうした法律は、時代や社会の価値観に基づいて**国がつくった**社会のルールです。

いっぽう、国の最高法規である憲法はというと、実は、こうした法律とはキッパリと二分され、性質を異にしています。「憲法」と、「それ以外（その他の法律や条例）」というふうに大きく括って考えても差し支えないでしょう。

では、憲法とその他の法律とでは、どんな違いがあるのでしょうか。

◆憲法――国民の自由や権利を保障する
＝国家権力を制限する（国家の横暴をふせぐため）

◆民法や刑法など法律一般――国民の権利や行動を制約する
＝国が国民を制限する（社会秩序の維持のため）

憲法と法律とでは、性格も存在理由もまるきり異なるのですね。

もちろん法律があることで、国民の権利や自由が守られる側面もあります。ただ、大きな考え方でいうと、憲法は下から上へと、法律は上から下へと、制限するベクトルが逆方向。制限する対象が、憲法は国家権力、法律は国民ですから、両極です。

やや抽象的でしょうか。では、次のように条文の中身を具体的に思い浮かべてみましょう。もう少し、ピンときませんか。

憲法
＝国民の自由や権利を保障する（ブレない）
人権の尊重
表現の自由
○○集会
思想や信教の自由など
＝
自由にのびのびと生きよう
法律
＝国民の行動を制約することも（柔軟）
殺すな
盗むな
未成年はタバコや酒をのむな
＝
社会の治安や秩序を保とう
もし両者が対立したら黙っちゃいません!!
憲法の番人
最高裁
最高裁判所

◆憲法――法の下の平等、基本的人権の尊重、表現の自由、思想や信教の自由など
◆民法や刑法――盗むな、殺すな、未成年は酒を飲むな、人の土地に建物をつくるな、など

かたや憲法が自由をうたい、かたや法律が不自由を強いる。もちろん法律が個人に不自由を強いることで、別の個人の自由が保障されるわけです。大勢の人間の自由を同時に守るために制約を課しているわけで、深く煎じ詰めれば法律の理念は憲法の理念に通じているはずなのです。

ですが、あえて細かいところは端折ってざっくりまとめると、「誰もがひとしく尊重され、のびのびと自由に生きる権利があるよ」と個人の権利を保障するのが憲法。窃盗や傷害など「犯したら罪になるよ」など個人への禁止事項をこまごまと列挙しているのが法律、ということになります。

憲法と法律。同じ法でも、その目的が全く違っている。そして、憲法は法律よりも段違いに格上なのです。この両者の紛らわしくも入り組んだ関係について、なんとなくイメージが立ち上がってきたでしょうか。

法律は柔軟に、憲法は頑固に

ところで法律は、時代の要請に応じて新設したり、変更したりといったことが、わりと柔軟に行われます。立法権のある国会が議決すれば、法律をつくることができるからです。たとえば、ストーカー規制法や個人情報保護法なんて、昔はありませんでしたよね。法律は、そのときどきの時代の要請に、フレキシブルに対応できる迅速さが求められます。

それに対して憲法は、法律のようにコロコロと変わりません。憲法改正の手続きはたいへんハードルが高く、「衆参両議院の3分の2の賛成と、国民投票による過半数の賛成」が求められるのは、ご承知のとおりです。

憲法が守るのは個人ひとりひとり。憲法こそが国民の権利を保障するもっとも強い後ろ盾なのですから、法律のようにいたずらに変更されれば、その価値も下がってしまいます。

ブレない強さ。これが憲法が最高法規として存在できる背景でもあるのですね。

この改正(変更)のしにくさをもって、わが国の憲法は、**硬性憲法**と呼ばれます。

憲法vs.法律　勝つのはどちらか

憲法と法律。言ってみれば、両者はあくまでも次元が違うものであり、本来なら対立するものではないはずです。

ところがどっこい、それは設計上の理想論。この両者は、役割も次元も違うからこそ、常に整合性がとれているとは限りません。憲法が抽象的理念をうたっているのに対し、法律が具体的な禁則や手続きで私たちの実生活に介入している以上、はからずも法律が憲法と矛盾を起こしたり、抵触したりする局面は、やはり起こりうるのです。せっかく憲法が保障してくれている個人の権利を、国がつくった法律が侵害してしまう場面があるということですね。

今回とりあげる夫婦別姓訴訟のように、昔は受け入れられていた法律でも、時の試練にさらされた結果、時代にフィットしなくなり、憲法の理念との折り合いが悪くなるといったケースも考えられるでしょう。

では、法律と憲法が真っ向からぶつかったとき、これまでに法律が憲法に勝ったことは、どれぐらいあったのでしょうか。

答えは、ゼロです。

論を俟《ま》たず、はじめから勝敗は決まっています。世の中のありとあらゆる法律、命令、規則その他、どんなルールも憲法にはたちうちできません。つねに勝つのは憲法です。いついかなるときも、法律が憲法に違反していたら、憲法が優先されます。憲法が最高法規ですから当たり前ではありますが、それぞれの性格の本質が分かれば、おのずと導かれることですね。

勝つといったら語弊があるかもしれませんが、憲法は個人の人権を守る役割を担っていますから、国が個人を制約する局面をもつ法律に対し、つねに憲法が優先するのは、当たり前のこと。そうでなければ、国家が個人を思いのまま、圧政下におくことができてしまいますよね。

憲法で権力を見はる。**立憲主義**とはそういうことです。

では、ここでひとつ問題です。法律が憲法に違反しているか否かは、誰が判断するのでしょう。土台が積み上がった今なら、おわかりになりますよね。

そう、裁判所です。

話がぐるっと一周しましたが、そのためにこそ、憲法は裁判所に「違憲審査権」を与えているのです。

もし、違憲審査権が司法(裁判所)に与えられていなかったら、どうなるでしょう?

国がつくった法律を誰もチェックできないわけですから、国家権力が暴走しても歯止めをかけるものがなくなってしまいますよね。

国がおかしな法律をつくったら、それを食い止める。憲法の理念を反故《ほご》にするような決まりごと(や命令)があれば、無効にする。違憲審査なくして最高裁のしごとは語れません。

ところが、なんと戦前の大日本帝国憲法には、このチェック機能がありませんでした。戦後民主主義の時代になり、国民主権を大前提とした新しい憲法ができたことで、初めて最高裁に違憲審査権が与えられたのです。審査権を司法が持つことによって、個人が国と対峙できるようになったのですね。そう考えると感慨深いものがありませんか。

さて、憲法と法律、そして違憲審査について、なんとなくイメージを描けたでしょうか。最高裁のしごとの根っこを理解するためには、これらの要素が互いにどう絡みあっているかという前提知識が欠かせないと前置きしました。

少し長くなりましたが、本論に戻る前に今一度まとめて、土台の仕上げといたしましょう。

・国民の権利や自由を守ってくれるもの。恒久的で高邁なコンセプトを示しているもの。それが憲法。

・国民に一定のルールを課すことで共同体の治安や秩序を保とうとするもの。時代や地域によって変わるもの。それが法律。
・法律はほんらい、憲法の理念にかなったルールであるはずだが、期せずして国民の権利を侵すことがある。
・そんなとき、憲法はどんな法律よりも上に立ち、優先される。
・憲法に適合しているかどうかを問う違憲審査において、最終判断を下すのが最高裁であり、国民にとっての最後の砦となる。

——いかがでしょう。もちろん本書の本筋から離れる細かな部分は省いていますが、それぞれの要素が、おおまかな全体像として立体的に結びついていればそれで十分です。

見はり塔の役目をつとめる最高裁。

違憲審査の判断主体は、絶対に立法や行政から独立した最高裁判所でなければなりません。ハリボテの立憲主義に陥らないためには、それは命綱なのですね。

絵に描いたモチ？　条文では平等のはずが現実は間接差別？

いささか抽象的な話が続きましたが、今回の訴訟を理解していただく下準備として、ここまで階段を一気に駆け上がってきました。

いよいよ夫婦別姓の話に入りましょう。

「夫又は妻の氏を称する」として夫婦別姓を認めない民法７５０条が、憲法違反ではないかという訴えでしたね。

女性ばかりが姓を変更しているという実状を見ると、たしかに不平等な感じがしますが、そもそも憲法は、結婚という個人のプライベートについては、どんなことを言っているのでしょう。

「婚姻は、両性の合意のみに基づいて成立し、夫婦が同等の権利を有することを基本として、相互の協力により、維持されなければならない」（憲法24条1項）

「配偶者の選択、（中略）離婚並びに婚姻及び家族に関するその他の事項に関しては、法律は、個人の尊厳と両性の本質的平等に立脚して、制定されなければならない」（同2項）

結婚は両性の合意のみに基づいて成立する──至極当然のことを、わざわざ憲法で規定しているところに、戦前の家制度のもとでは当事者同士で自由に結婚できなかった（家長、すなわち親の同意が必要と定められていた）歴史の重みを感じますね。

そして憲法24条は2項で抜かりなく、婚姻にまつわるもろもろにおいても、法律は憲法に逆らうものであってはならない、つまり個人の尊厳と男女平等に根差したものでなくてはならない、と宣言しています。

ちなみにこの24条、「両性の」という言い回しを使っていることから、最近は同性婚を禁じる規定としても認識されています。条文の成立当時はそんな議論が生じるとは夢にも思わなかったでしょうから、いやはや、時代は移ろうものです（さらに余談になりますが、米国の連邦最高裁は2015年、同性婚を禁じる法律は憲法違反であるとの判断を示しました）。

さて、今回の裁判の原告は、5人の男女。

結婚したのちも日常生活は旧姓で通している女性や、姓を変えたくないがために婚姻届を出さず、事実婚を続けているカップルでした。

ふだん旧姓で通しているという女性は、姓は自分のアイデンティティそのものだと主張。事実婚のカップルは、法律上の妻であれば当然受けられるはずの優遇制度（たとえば配偶者控除や相続税非課税枠）を受けられないことを、不当だと訴えました。

原告団は、夫婦別姓を認めない民法の規定が、「個人の尊重」（憲法13条）や「法の下の平等」（憲法14条）に反するとも訴えていますが、それはどちらかというとワキの話。論点を集約すると、やはり結婚における男女の平等をうたった憲法24条に行きつく話になります。

繰り返しになりますが、民法７５０条は、「夫婦は夫又は妻の氏を称する」と定めています。それを字義どおりに受け取れば、「夫の姓でも妻の姓でも、どっちでもいいよ」ということですから、男女平等という憲法の理念に反しているようには見えません。男性であろうと女性であろうと、ちゃんと釣り合った形で平等が保障されていて、なんら問題ないようにも思えます。

しかし現実の姿はというと、法律婚のうち96％もの夫婦が、夫の姓を名乗っているわけですね。厚生労働省の調べによると、夫の姓に統一する比率は、１９７５年が98・8％、１９８７年が97・8％、１９９９年が97％、２０１１年が96・2％と高止まりしています。

なんだ、これじゃ結局は男女差別ではないか。

原告団は、民法７５０条は形式的には平等で中立的な規定ではあるが、実質的には女性差別

夫婦別姓訴訟の争点

	原告 5人の男女の主張	被告 国の主張
民法750条の規定は	間接差別であり憲法違反	男女平等であり合憲
国の対応	違憲の規定でありながら法改正していないのは国の怠慢だ	そもそも違憲ではない

の結果をもたらす「間接差別」だと主張しました。

そして、「この現状を見過ごして民法750条を改正しないのは国の怠慢だ、国が必要な是正を怠ったがために、精神的な損害を受けた」として、**国家賠償訴訟**にしたのです。

さきほど、この訴訟が「憲法訴訟」であることを解説しましたが、こうした憲法訴訟は、国賠訴訟の形をとるケースが多々あります。

原告側の本音としては、お金がほしいわけではありません。勝ち取りたいのは金銭ではなく民法改正であり、夫婦別姓制度です。しかし具体的な被害への賠償を請求したほうが、裁判として成立しやすくなるので、便宜的にといいましょうか、国賠訴訟の司法手続きをとることが多いのです。取引の質が違うのは百も承知。それでも致し方ないのです。

では、最高裁が下した判断を見てみましょう。

初の憲法判断は全員集合で――大法廷判決――

第1章で紹介したように、最高裁に上告されてきた大抵の訴訟は、３つの小法廷に順番に振り分けられ、５人１組で審理されます。しかし、重要なテーマをはらんでいる特殊な事案は大法廷へと回され、裁判官15人全員で審理にあたるのでしたね（**大法廷回付**）。

どんなケースが大法廷へ回付されるかというと、

①新たな憲法判断が必要なとき

②過去の判例の変更が必要なとき

――の主に２つです。

２０１５年２月。最高裁第３小法廷（大谷剛彦《たけひこ》裁判長）は、夫婦別姓訴訟を大法廷に回付することを決めました。

夫婦同姓の規定が違憲かどうかは、これまでに最高裁で判断されたことがなかったので、今回が初めての憲法判断になりました。①のケースに相当し、大法廷へ回付されたのです。

最高裁長官を裁判長に据えて、15人全員でみっちり考えるのですね。

何度も触れている違憲審査権というのは、国家権力の横暴を諫める機能ですから、大変に重大な責務です。当該の法律が無効になるのも有効になるのも、15人の手にかかっているわけです。

これほどまでに違憲審査権の重要性を強調しながら……、少し水を差すようなことにも触れておきましょう。

違憲審査をつかさどる最高裁。しかし、大法廷とはいえメンバーはたったの15人にすぎません。

15人でみっちり考えるといったって、せいぜいラグビー1チーム程度の人数。それだけの頭数で、法律の効力を失わせることができてしまうわけです。いえ、15人どころか最高裁は「合議割れOK」の多数決ですから、8人が無効と決めたら、無効になりえます。

その意味では、最高裁の裁判官は絶大な権力を掌握している人たちなのですね。

たしかに最高裁は「憲法の番人」として国民の権利を守る最後の砦です。しかし一方で、その番人の仕事に携わっているのは神様でもなんでもなく、僕たちと同じ生身の人間。同じ人間同士ですから、優秀ではあっても完璧ではありません。

ですから最高裁の判断には、国民の権利を守るという本分を発揮しつつ、なおかつあまり先鋭化しすぎず……という、絶妙なバランス感覚が求められるのですね。

ただ、だからこそ(というわけでもないかもしれませんが)、最高裁もめったやたらには違憲判決を出しません。現行の憲法が施行されて以来、法令(法律など)に関して違憲判決を出したケースは、戦後から2015年までの70年あまりで、わずか10件だけ。

また、かりに違憲と判断した場合でも、その判断の効力は、その訴訟の案件だけにとどめ、広く普遍化しないとされています。これを**個別的効力**といいます。違憲となった条文が、その判決をもってすぐに廃止されるわけではないということですね。広く普遍化させるのは、法律を改正できる国(立法)のしごと。三権分立をはっきりさせているのです。

一国の法律の生殺与奪の権がたった15人の手中にあるという重責。それがかえって抑制を利かせているのかもしれません。

個人の具体的な被害があってこそ——付随的違憲審査制——

日本の違憲審査権について、もうひとつ欠かせない知識を肉付けしておきましょう。

わが国で違憲審査権が行使されるためには、ひとつの縛りがあります。それは、訴えが具体的な事件である必要がある——ということ。

これを**付随的違憲審査制**といいます。

たとえば、ある法律が憲法に反しているのではないか？　という訴訟を起こすときには、原告がその法律によって何らかの損害を被ったという具体的な実害や不利益がなければいけません。事件に付随してのみ、違憲審査権が行使されるということですね。これは、アメリカの裁判所などの流れをくんでいるといわれます。

いっぽう、具体的な事件などまだ何も起きていなくとも、ある法律が違憲かどうかを抽象的に争うことができる裁判手法、それを**抽象的違憲審査制**といいます。こちらは主にヨーロッパで採用されている制度です。

日本がとっている付随的違憲審査制のスタイルは、憲法の秩序というカタチを守ること（抽象的違憲審査制はこちらを重視）よりも、実際に人権を侵害された個人を救済することに主眼を置いているといわれています。

この差は、現実にはどう出るのでしょうか。

たとえば先ごろ成立した安保関連法がありますね。この法律が、「憲法9条がうたう戦争の

日本は付随的(今のところ)
ヨーロッパは抽象的
具体的な不利益や事件があってはじめて判断する
観念的抽象的でも判断する
(将来の被害を想定して、といったことでもOK)
自衛隊
安保法はやっぱり違憲じゃないかな
息子が戦地で死ぬなんて…

違憲審査権のちがい

放棄に違反している。おかしい」と訴えたいとします。

しかし付随的違憲審査制の場合、何か具体的な不利益(自衛隊員の息子が戦地に派遣されて死んだとして、母親が訴えるなど)が生じていなければ、裁判自体が門前払いされてしまうということになります。

法律が成立した段階で「これは違憲だ」と、いくら国民や法学者が訴えても、訴訟として扱われない。この点をあげて「最高裁は政府や国会に及び腰だ」とか「具体的な人権侵害が起きてからしか腰を上げないなんて、後手後手だ」と批判する声もあります。

上告事件が山積みされている最高裁。たしかに、単なる抽象的な法律談義に取り合わないことで、今まさに困っている国民の救済に専念することができますが、その裏返しとして、事件があってからでは遅きに失するという面も否定できません。議論の分かれるところです。

ともあれ日本は付随的違憲審査制をとっているので、今回の夫婦別姓訴訟も、ただ観念的に「民法750条が憲法に違反している」と訴えても成り立ちませんよね。そんな都合もあって、原告の男女は具体的な損害として、姓が変わることによるアイデンティティの喪失感や、法律婚であれば受けられる優遇措置が受けられないことなどを主張して、違憲訴訟の形に仕上げた一面もあるのです。

大法廷は「合憲」判断

夫婦別姓訴訟が、大法廷に回った――。

その知らせだけでも特別な意味を持っていますから、マスコミはにわかにざわつきました。

夫婦別姓訴訟は、1審2審ともに原告側があっさり敗訴していました。しかも、国に賠償責任はないとして原告の訴えをしりぞけて、肝心の「民法750条が合憲なのか違憲なのか」という本丸のテーマに正面から切り込むことなく、原告が敗訴していたのです。

ところが、そうしたそっけない扱いから一転、いきなり裁判官全員による大法廷で判決を出すというではありませんか。がらりと変わった司法の取り扱いに、マスコミ側の注目度も一気に上がりました。

もし民法750条が違憲とされ、この規定が無効となる判決が出たら――。

今後結婚するカップルだけでなく、日本中に大きな波紋が広がることは間違いありません。「大法廷回付」という報せだけで新聞はこぞって1面アタマ。気が早いようですが、これだけでも大逆転の予兆として、あまりある情報なのですね。

２０１５年12月16日。最高裁大法廷。

部屋の広さは５７４㎡。空をくりぬくような円筒状の吹き抜けは、天窓までの高さ41ｍ。壁一面を花崗岩で覆われた巨大な室内に、やわらかな光がふりそそぐ意匠は、まるで劇場のそれ。これから始まるのはオペラかクラシックかと思わせるような荘厳さです。

前方の法壇には、黒い法服をまとった裁判官15人が、横一列にずらりと肩をならべます。

夫婦別姓訴訟が大法廷に回付されてから約10か月の時を経て、最高裁はこの問題について初めての判断を示しました。

「民法７５０条は憲法に違反した条文ではない」

それが結論でした。

夫婦の同姓を規定した条文は、女性の人権を侵害してはおらず、したがって夫婦が別々の姓を名乗ることは認められない――「合憲」ということですね。

ただし、今回の大法廷の判決は、15人全員の満場一致ではありませんでした。

この民法の規定を合憲としたのは10人。違憲としたのは5人でした。10人対5人ですから、比率でみると、2対1のスコアです。

では、多数意見がどんなものだったのか、みていきましょう。

最高裁が示した「夫婦」と「家族」のあり方

多数意見が重視したのは「家族のあり方」でした。

多数意見はまず、「姓」と「名」の意義を区別します。

まず「姓は(結婚をふくめた)身分関係の変動にともなって、改められることがありうるのは予定されている」と切り離したうえで、民法の規定について、「夫婦同姓の制度自体に、男女間の形式的な不平等が存在するわけではない」と続けました。憲法が保障する「個人の平等」(13条)や「法の下の平等」(14条)の問題にはあたらないと、原告側の主張をしりぞけるところから口火を切ったのです。

そして、ここからが本題です。

「民法750条が憲法24条に違反しないか」。これが訴訟のヤマ場でしたね。

民法の規定は、結局は男女差別を助長する間接差別じゃないか、という指摘です。後述しますが、ここが裁判官たちの意見が割れた大きなポイントでした。

「夫婦は、（中略）夫又は妻の氏を称する」（民法750条）

「婚姻は、両性の合意のみに基づいて成立し、夫婦が同等の権利を有することを基本として、相互の協力により、維持されなければならない」（憲法24条1項）
「配偶者の選択、（中略）離婚並びに婚姻及び家族に関するその他の事項に関しては、法律は、個人の尊厳と両性の本質的平等に立脚して、制定されなければならない」（同2項）

多数意見は、民法750条の規定について、こんな前置きからスタートします。

「この規定は結婚の効力の一つとして、夫または妻の姓を称すると定めただけであって、結婚を直接制約するものではない」

効力であって制約ではない、という解釈です。そこから出発し、続けて夫婦の姓を統一することの意義をずらりと挙げていきます。

「夫婦同姓の制度は社会に定着している」

「姓は家族の呼称であり、その家族は社会の自然で基礎的な集団の単位である。姓を一つに定めることには合理性がある」

「夫婦が同じ姓を使えば、同じ家族の一員であることを対外的に示し、他者からも家族と認識される」

——姓をそろえることの、いわば現実的なメリットですね。そして、

「同じ姓を使うことで、家族の一員であると実感することに意義を見出す人もいる」

と、心理的な一体感についても言い添えました。

加えて多数意見が指摘したのは、子どもの問題でした。

「結婚した夫婦のあいだに生まれた子が、二人の子どもであると示すためには、夫婦が同姓であることに意義がある」

「子どもからみれば、どちらの親とも同じ姓である方が、利益を受けやすい」

——というのです。

たしかに一理ありますね。父親と母親とで姓がバラバラになる場合、子どもの姓をどうする

のかという新たなテーマが派生することは避けられません。夫婦別姓を認めるなら、そうした問題についても先回りした対応が必要です。最大の課題と言えるでしょう。

多数意見はこうして夫婦同姓のメリットを認める一方で、独りよがりにならないように、次のようなデメリットにも触れて、両者を天秤にかけていきます。

「結婚で姓を変更する側は、アイデンティティの喪失感を抱くことがある」

「結婚前の姓でカタチづくってきた個人の社会的な信用や評価を、(姓の変更で)維持することが難しくなる」

多数意見としても、ほとんどは妻の側が姓を変更しているという現状からいって、女性にとって不利益となる場合が多いとの認識はあるのです。そして、こうした不利益を避けたくて事実婚や同棲を続けている人たちがいる事実も、認めてはいるのです。

しかし、それらの不利益は認めながらも、やはり条文の文言に立ち返り、次のように強調したのです。

「この夫婦同姓制度は、結婚前の姓を通称として使うことまで許さないものではない」と。

そうなのです。たしかに女性の社会進出が進むにつれ、職場を中心に、通称の利用が普及しています。労務行政研究所によると、旧姓の使用を認める企業は6割程度。国会公務員も2001年から旧姓を使うことが認められています。戦後に比べると、通称が使える範囲は広がっていますし、社会の許容度も上がっています。

多数意見はそういった現状分析もねりこんだうえで、結論を導きました。

「民法750条が、夫婦の別姓を認めないものであるとしても、そのことが個人の尊厳と両性の本質的な平等の要請に照らして、ただちに合理性を欠くとはいえない」

――単刀直入にいえば、民法750条は旧姓を通称として名乗ることまで禁じているわけではないのだし、夫婦別姓を認めないからといって、それが即、男女の平等や人権を害しているとまではいえない。憲法違反ではないよ、ということですね。

大法廷での審理ということで、もしやの大逆転が期待されましたが、こうして夫婦別姓を求める原告団の主張はしりぞけられたのです。

女性裁判官は口をそろえて「違憲」

今回の裁判で、「合憲」という多数意見に賛同した裁判官は10人、「違憲」とした少数意見は5人でした。

この5人のうち、3人が女性裁判官でした。15人の中に女性裁判官は3人しかいませんから、女性陣は全員が口をそろえて「違憲」と判断したことになります。

原告団は、夫婦同姓の制度は女性差別だと訴えていましたが、同じく女性である3人の意見が一致したというのは、象徴的な男女の溝をみるようで、興味深いですね。

地裁や高裁とちがって、こうして個別意見がオープンにされることで、実にさまざまな切り口で読み解けるのが最高裁の味。

せっかくですから今回も、それぞれの裁判官たちの意見まで味わい尽くしていきましょう。

「違憲」をとなえた3人の女性裁判官は、学者出身の岡部喜代子《きよこ》氏、弁護士出身の鬼丸かおる氏、行政官出身の櫻井龍子氏。3人は連名で意見をまとめました。

まず3人が指摘したのは、姓のありかたです。

「結婚して姓が変わると、同一人物であるとの特定に困難が生じる。姓名自体が世界的な広がりを有するようになった社会においては、姓による個人の識別の重要性は、より大きい」
多数意見が姓を考える入り口にしていたのは、まず「家族」としての姓のありかたでしたが、女性裁判官が前面に押し出したのは、「個人」としての姓のありかた。家族単位ではなく、社会に生きる一個人としての姓です。

営業職で働く女性が結婚後に姓を変えたら、独身時代に積み上げてきた実績が忘れ去られはしないか。専門職で特許を取った女性や、研究職で論文を書いた女性が、姓が変わることで同一人物として認識されなくなるおそれはないか。

ましてや今はインターネット全盛の時代。名前で検索されることはしょっちゅうなのに、姓が違うために個人特定に難をきたしたり、せっかくこれまで積み重ねてきたキャリアの連続性が断たれてしまう。よく聞く話です。

3人はそんな問題を提起して、結婚したあとも女性(もしくは男性)が、今までと同じ姓を使い続けることには合理性があるといいます。
さもありなん、岡部裁判官は最高裁裁判官に就く前は、慶應義塾大学大学院の教授でした。

鬼丸裁判官は、弁護士として女性法律家協会の副会長をつとめていましたし、櫻井裁判官は厚労省の局長までのぼりつめるなど、めざましい活躍が世に聞こえています。

「夫が働き、妻を養う」が典型的な家族のすがただった昭和の時代にあって、女性ながらも大いに頭角をあらわした、いわば先駆者のようなお三方。姓のありかたを考えるにつけても、家族の単位であると同時に社会で認識される一個人としての呼称であるという視点を軽んじないのは、自然なことかもしれません。

続けて3人が強く主張したのは、夫婦同姓制度が男女のどちらにとって、より負担が大きいかということでした。

たいていは、妻である女性側というのが通り相場ですよね。

3人は「結婚した女性の96％が夫の姓に変更していることは、女性が社会的にも経済的にも立場が弱いことや、さまざまな事実上の圧力が要因」であるとして、「夫の姓に変更することが妻の意思に基づいていたとしても、その意思決定の過程に、現実の不平等と力関係が作用している」と踏み込みます。

そして「その点を考慮しないまま、夫婦同姓に例外を設けなければ、妻のみが自己喪失感を負うことになり、個人の尊厳と両性の平等に立脚した制度とはいえない」というのです。

この定性分析は、女性ならではだと思いませんか？

選ぶのではなく、選ばされている。いくら条文が「どちらの姓でもいい」と文言上うたっていようと、実際問題、妻にとって分が悪いなかで、意思決定がなされているということですね。

3人は、とことん現実に目を向けて、論を進めていきます。

多数意見が出発点としていた「夫婦同姓の規定は、結婚の効力を定めたものであって、制約ではない」という考え方についても、次のように異論を呈しました。

「結婚の成立に不合理な要件を課していて、結婚の自由を制約している」

多数意見とは、真逆の解釈になっていますね。

さらに、これで終わりではありません。

通称の使用についても、女性裁判官3人は、多数意見とはちがった見解を示します。

「多数意見は、通称の使用が広まることで不利益は緩和されうるとしているが、この制度を理由に結婚をためらうカップルがいる以上、夫婦別姓を認めないことに合理性はない」

なんともシビア。思わずうなります。

なんとなく先の多数意見は、条文の文言どおりの解釈に軸足を置き、そこからはみ出した現実を解きほぐそうとしている、そんな印象を受けました。

これに対し女性裁判官3名は、まず現実ありき。すでに結果として生じている現実のほうに軸足を置いて、そこから条文へとフィードバックしようとしている、といったニュアンスが漂います。

「事件は法律の世界で起きてるんじゃない！　現場で起きているんだ！」という感じでしょうか。


そして結論。

「民法750条は、個人の尊厳と男女の本質的平等からみて、合理性を欠いている。憲法24条に反して違憲である」

女性3名の個別意見をみると、男性裁判官たちの多数意見とは、考え方からして根本的に違っている。そのことが鮮明に浮かび上がっているとは思いませんか。

多数意見
最高裁判所
合憲
結婚を制約するものではない
通称までは禁じていない
子どものこと
対外的なわかりやすさ
家族は社会の基礎的な単位
平等や人権をおかしてはいない
女性裁判官3名の個別意見
違憲
姓が変わると人物特定が難しくなる
結婚の自由を制約している
合理性ない
つみあげたキャリアが断たれてしまう
実際に結婚をためらう人がいるのは何よりの事実
なるほど個別意見には個性が出るのね

長官の意見は——いつか見た景色、かつて踊ったダンス——

今回の大法廷で裁判長をつとめたのは、寺田逸郎《いつろう》・最高裁長官でした。

最高裁の長官といえば、総理大臣（行政の長）、衆参両議院の議長（立法の長）とならぶ、「三権の長」であり、言わずと知れた司法のトップです。

行政と立法のトップは、選挙で国民にじかに選ばれた政治家ですから、顔も名前もよく知られています。しかし、あまり表舞台に出ることもない最高裁の長官は、知名度がぐんと低いのではないでしょうか。国民とのつながりが間接的ですし、最高裁にお世話になる機会のある人などほとんどいないでしょうから、距離感があるのは否めません。

寺田逸郎裁判長は、18代目の最高裁長官。実は父親の寺田治郎《じろう》氏も最高裁長官をつとめています。最高裁はじまって以来の父子鷹です。

寺田長官は出自でいえば職業裁判官の出なのですが、いささか変わり種です。

１９７４年に裁判官に任官したあと、１９８１年から２００７年まで、ずっと他の省庁に出向しているのです。そのほとんどの期間は、法務省で「検事」として働きました。20年以上ものあいだ、法務省に在籍した寺田長官は、そこで民事局（民法部門）に配属され、キャリアを積んでいきます。ですから、今回のような家族の問題は、寺田長官の十八番《オハコ》でもあるわけです。最終的に寺田長官は、この民事局のトップである民事局長まで上り詰めました。裁判官になってから最高裁に就任するまでの約35年間のうち、寺田長官が実際に法服をまとって裁判をしたのは、わずか9年あまり。異色の経歴の持ち主なのですね。

今回、その寺田長官も個別意見を出しています。「民法750条は合憲」という多数意見に賛成の立場から、さらに説明を上乗せした補足意見です。耳を傾けてみましょう。

寺田長官は、法律上の夫婦というしくみについて、まず「一般の人からみても複雑でないものとして捉えることができるように、規格化されている。それゆえ当事者の多様な意思に沿って変容させることには抑制的であるべきだ」との考えを示します。

なるほど、夫婦や姓に関する規定というのは、決まりきったフォーマットに統一することで、だれにでも理解しやすいものとなっているのは確かです。もしこれが、みんなが思い思いの様式をとるようになったら、たちまちややこしくなるでしょうから、今の民法の設計は、少なくとも原則としては合理性があるという考え方には、筋が通っています。

続けて寺田長官は、姓をとりまく現状にも配慮を示したうえで、やはりと言うべきか、子どもの問題に言及します。

「これだけ家族のかたちが変わりゆくなかで、人々の求めるつながり方も多様化し、規格化された夫婦のしくみを窮屈に受け止める傾向が出てくるのはあたりまえ。夫婦同姓について賛否両論があるのも理解できる。それでも、もし仮に夫婦の別姓を認めるのであれば、例えば子どもの姓をどうするのか。新たに検討課題が生じてくる」と懸念を示したのです。

ここまでは理解できますよね。多数意見への上乗せです。

でも、これらはほんの前口上。寺田長官の意見は、さらに先に続きます。

今回の訴訟は、民法の規定が憲法に違反しているか否かという、違憲審査が核心だったはず。なのに寺田長官はその点については、

「多岐にわたる条件の下では、夫婦別姓の選択肢が設けられていない不合理を、裁判の枠内で見出すのは困難」と展開するのです。

あれ？　急にわかりにくくなったでしょうか。

要するに、夫婦別姓というテーマがそもそも違憲審査の性質にはなじまない。最高裁という

司法の舞台でシロクロつける類のものではない、というスタンスなのですね。

そして、裁判長でもある寺田長官は、わざわざ長い個別意見を述べながら、最終的に「むしろ夫婦同姓をめぐる問題を国民的な議論にして、民主主義的なプロセスにゆだねることによって、合理的なしくみのあり方を幅広く検討することが望ましい」と収斂させていくのです。

夫婦の姓のあり方については、司法のサイドから判断を下すのではなく、むしろ国民全体でこの問題を共有し、立法(国会)サイドからのアプローチをしたほうがいいのではないか。そして選挙の過程を通すなり何なりして、制度に修正を加えるほうがいいのではないか、そういう主張なのです。

寺田長官はあえて抑制的な結論にとどめつつ、立法や行政の方へとボールを投げているのですね。

――司法のトップがうながす、国民的な議論の必要性。

なんだか法律論の本丸からうっちゃられて煙に巻かれた気もしますが、夫婦の姓をめぐる問題はまちがいなく誰にとっても関わりのあるテーマ。

本当に制度を変えるというのなら、世論を吸い上げ、選挙の洗礼という民主主義の手続きを通したほうが望ましいだろうという提言にはうなずけますよね。

しかも、実はこの投げかけの裏には、もと法務省官僚として、寺田長官が見てきた原風景があるのです。

ちょっと目先を変えて、寺田長官の言葉の向こうにはどんな景色が広がっているのか。少しのぞいてみましょう。

30年前にお蔵入りしていた夫婦別姓論議——寺田長官のデジャヴ——

夫婦別姓問題。そもそもこのテーマ、今まで一度も俎上に載ったことはなかったのでしょうか？　訴訟でいきなり飛び出た話なのでしょうか？

実はお役所内では、過去にもこの議論が持ち上がって、白熱した時期がありました。

女性の社会参加がめざましくなった90年代初頭。夫婦同姓を義務づける規定は是か非かという議論が、法務省内でにわかに活発化したのです。くしくもそれは、寺田長官が法務省（民事局）に籍を置いていた時代と丸ごと重なります。

きっかけは、民法改正論議でした。

明治以来、約100年ものあいだ、大きな改定がなかった民法について、法務省が規定の見直しを検討しはじめたのです。その流れを受けて「法制審議会」(意見を求められた学者や事業者たちがつくる審議会)が、結婚にかかわる規定の全般的な見直しに取りかかります。

そこではじめて夫婦同姓の規定の是非が、まな板の上に乗っかったのです。

法律のプロが集まる法制審議会では、夫と妻が別々の姓を名乗ってもいいとする「夫婦別姓」制度に変更する方向で、話が進んでいきます。このとき審議会の内々では、メンバーの大多数が別姓の導入に前向きでした。

さらに審議会は、裁判所や日本弁護士連合会、大学教授や研究者、主婦団体などから寄せられた意見も集約し、「賛成多数」の後ろ盾も受けて、いよいよ本格的に夫婦別姓への風が吹きます。

そのような追い風に乗って、1996年2月、法制審議会は法務大臣に「夫婦同姓」の見直しを迫りました。答申された改正案は、これまでの夫婦同姓から**選択的夫婦別姓**にする——という内容でした。

夫婦が同じ姓を名乗ってもいいし、それぞれ別々の姓を名乗ってもいい。同姓でも別姓でもどちらでもOKというのが売りでした。

姓、というカタチの話ではありますが、旧来の家族観からの大きなシフトチェンジ。まさに鳴り物入りの改革です。当時、テレビも新聞も、こぞってこのニュースをトップで扱いました。法務省としても夫婦別姓を導入するべく、民法改正法案の提出を目指して動き始めました。

ところが――。そこで思わぬ向かい風に、行く手を遮られてしまったのです。

このように、内閣(行政権を持つ省庁)が作成する法案を**閣法**といいますが、その多くは、わりにトントン拍子に国会で成立するのが一般的です。ただ、閣法を国会に提案するには、事前に政権与党の同意を得なければいけません。この民法改正法案は、かんじんの自民党内で意見が割れてしまったのです。

「別姓を認めると、家族の一体感が損なわれる」

「家族の分裂、ひいては国家の崩壊につながる」

こうした反発が自民党内で続出したのです。もちろん党内に賛成派もいましたが、意見を束ねるには収拾がつかなくなってしまいました。そのうえ、政府が実施した世論調査でも、賛成派と反対派が拮抗。司法業界に身を置いているプロと、一般国民とのあいだで温度差があることも浮き彫りになってしまいました。

結局、法務省は与党の同意を取り付けられず、この改正案を国会に提出することを断念せざるをえなくなります。こうしてすっかりミソがついて失速してしまった改正案は、そのまま棚ざらし。

その後も法務省は、何度かこの改正案を国会で審議してもらおうと試みましたが、時代が21世紀に突入しても、政権交代して民主党が与党になっても、改正案がふたたび日の目をみることはなく、そのままお蔵入りとなったのです。

それから20年。

寺田最高裁《コート》は、「夫婦同姓規定の違憲性の有無」という形で、再びこのテーマについて真正面から対面したというわけですね。

あのころ法務省にいた寺田長官にとって、夫婦別姓論議はいつか見た景色であり、かつて踊ったダンス。同じテーマが歳月を超え、立法から司法へと舞台をうつし、こうして違憲訴訟という姿でまたぞろ再現するとは、寺田長官の心中にはいかほどの既視感があったことでしょう。

ちなみに民法750条の夫婦同姓の規定を「合憲」とした多数意見ですが、実は判決文を読むと選択的夫婦別姓についても触れていて、「そのような制度(選択的夫婦別姓)に合理性がないと断ずるものではない」とわざわざ言い添えています。

制度をめぐっての今後の展開の余地、余白を残しているのかもしれませんね。

と同時に、すかさず「制度のあり方は、国会で論ぜられ、判断されるべき事柄にほかならない」とも念押ししていますから、いずれにせよ裁判所マターではないとして、立法的解決を提案していることには変わりありません。

それにしても、判決文といい、個別意見といい、寺田長官のこの抑制的な投げかけは、果たして国民にじかに投票された選良たる国会議員への慎みか、それともかつて埋もれし法案よもう一度とツルハシを振りかぶった格好か――。

…………おっと、深読みがすぎたようです。

では最後に、国の姿勢を許さずに法廷をあとにした裁判官を紹介し、幕としましょう。

大胆な意見を残して最高裁を去った無頼派

今回の大法廷15人の裁判官のなかで、たった一人だけ、国の損害賠償責任まで認めた裁判官がいました。弁護士出身の山浦善樹裁判官です。判決では女性３人が全員「違憲」の判断でしたが、出身母体別の内訳をみると、次ページのイラストの通りです。

弁護士や学者に違憲が多く、裁判官や検察官は全員合憲と、わりにはっきり分かれていますね。

最高裁の個別意見を読み比べるとき、その裁判官がどんな職業からの転身組なのかを踏まえながら読むと、また違った見方が広がります。

そして、弁護士出身のなかでも山浦裁判官はもっとも踏み込んで、単なる「違憲」にとどまらず、国の責任をも認める判断を下しました。国賠訴訟で国の賠償責任を認めるのは、かなりハードルが高いにもかかわらず、大胆な意見を示したのです。

国賠訴訟で国の賠償責任を認めることが難しいのは、なぜでしょうか。

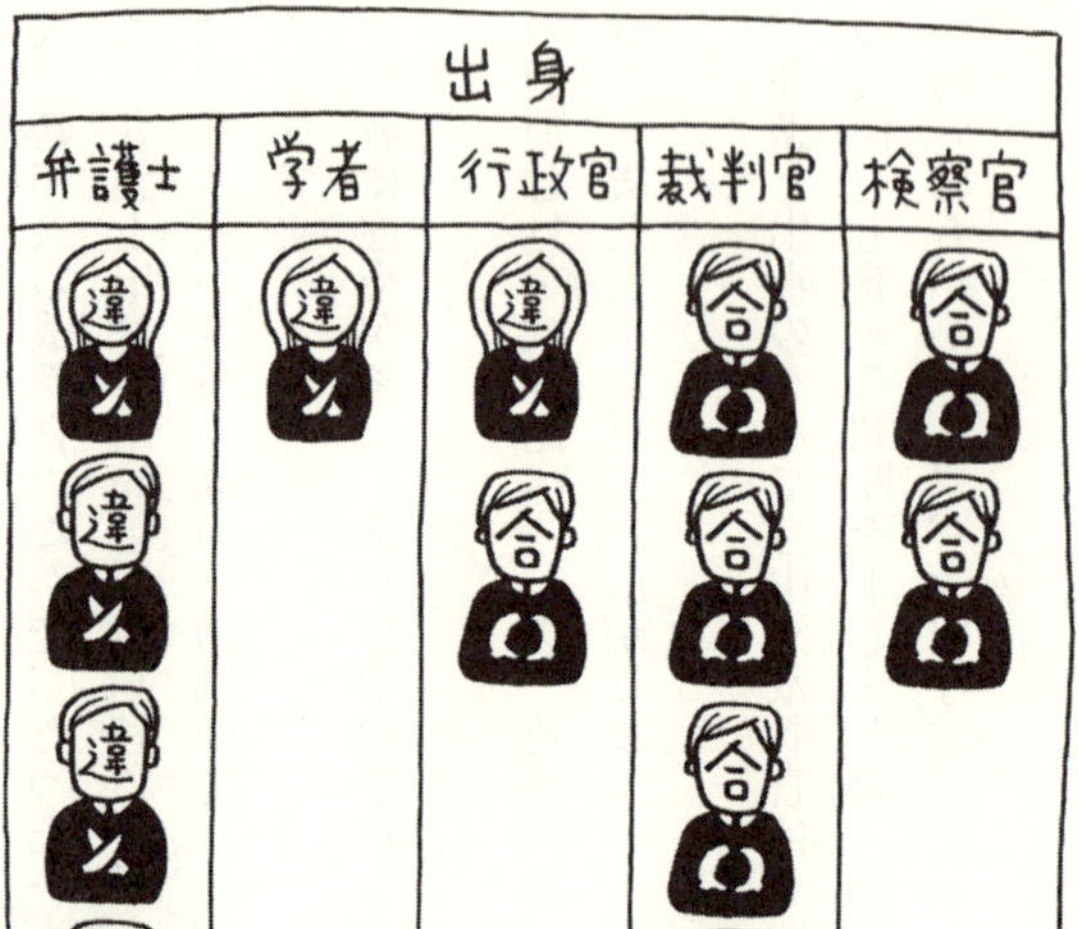

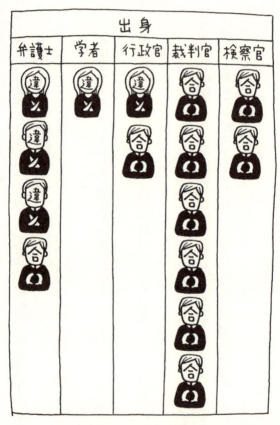

出身母体別にみる合憲・違憲の内訳

それは、国が法律的な措置をなすべきなのに、その義務を怠ったという証明が必要になるからです。

その要件として

①法律そのものが違法であること（**違法の明白性**）

②国民の権利が保障されるために、法律的な措置をとる必要があることが明白（**立法の必要の明白性**）であるにもかかわらず、国会が正当な理由なく長期にわたってそれを怠っていること（**期間の要件**）

——が求められます。

ある行為をやったと立証するよりも、ある行為をやらなかったと立証するほうが難しいことは、悪魔の証明を例に引くまでもなく、お分かりいただけるかと思います。

ましてや相手は国ですから、必然そのハードルが上がることは想像にかたくないでしょう。

山浦裁判官はなにも、かつて法制審議会が「選択的夫婦別姓」を設けるよう答申したことをもって、民法750条が違憲だという根拠にしているわけではありません。

しかし当時の答申には、「個人の姓に対する人格的な利益を法制度上、保護すべき時代が来ている」、「夫婦が別姓を称することが、夫婦や親子の本質や理念に反しないことは、世界の多くの国が夫婦別姓を実現していることからも明らか」という内容が盛り込まれていました。

山浦裁判官は、そこに目をつけたのです。

つまり、法制審がこうした指摘をした背景には、法制審のメンバーが、「民法750条の規定には、人格的な利益や夫婦間の実質的な平等の点で問題があると、明確に意識していたこと」があるというのです。

これらを総合すると、国はすくなくとも1996年の答申があった時点から、立法の措置が必要だと気づくべきだし、それから相当な期間が過ぎているにもかかわらず、いまだ措置を採っていない――よって、要件の②を満たしており、国の怠慢だというわけです。

そして、次のように結論へとつなげました。

「現時点では、憲法で保障され保護されている権利や利益を、合理的な理由なく制約するものとして、(民法750条が)憲法に違反することが明白である」

「にもかかわらず、国は正当な理由もなく長期にわたって立法措置を怠っており、原告が受けた精神的な苦痛に対して、国は賠償責任がある」

これが、山浦裁判官の反対意見です。

さきほど紹介した女性裁判官3名も、違憲という判断ではありましたが、国の賠償責任までは認めていません。そこまで踏み込んだのは、山浦裁判官だけでした。

ちなみに山浦裁判官は2016年7月をもって退官。最後の大法廷でたった一人、大胆な意見を残して最高裁を去りました。

桜舞う春に　一人の女性をたずねて

夫婦別姓訴訟の原告の女性に僕が初めて会ったのは、2013年4月のことでした。

「生まれたときから自分の名字を使い慣れていて、その名字が気に入っているんです」

桜の花びらがほころぶ神田川ぞいの喫茶店でお会いすると、女性は屈託ない笑顔を見せました。

婚姻届を出してすでに法律婚をしていましたが、最初は事実婚も考えたそうです。

でも、もし夫が病気や事故に遭ったら……。命にかかわるような手術が必要なときに、法律的に夫婦でないと、同意書のサインが難しくなります。そうした現実を前にして、女性は最終的に結婚を選択し、日常生活では旧姓を使う暮らしをしていました。専門職に就く彼女は、一人で事務所を構えていたので、やはり旧姓の方が、通りが良かったのです。

夫婦別姓を主張する女性と聞いて、何だか気の強そうな方を勝手にイメージしていたのですが、「小さな娘が1人いる」などとプライベートもおおらかに話す彼女の口ぶりに、僕は少し拍子抜けしました。それを見透かしたかのように彼女は「別姓にしたいと言ったら『女のわがまま』と思われてしまうんですよね」と笑い、僕は大いに恥じ入りました。

初めてお会いしたのは、1審の東京地裁判決の直前というタイミング。しょっぱなの判断ですね。

1審判決当日。傍聴席に座って待ち構えていた僕は、「もし違憲判決だったらすぐに上司に連絡しなければ」と椅子から半ば腰を浮かせるようにして、裁判長の宣告に聞き入りました。

しかし1審は敗訴。続く2審も敗訴し、不勉強な僕は、やはりこの憲法訴訟は司法に袖にされてしまうだろうな……とも思っていました。

ところが、3審の最高裁では、判決の舞台が大法廷にうつったことから、世間を騒がすニュースになりました。大どんでん返しが起きるかもしれない。

結果は合憲でしたが、静かなれども立ち上がる女性の存在の大きさを、痛感しました。

誰かが声を上げなければ、世の中は変わりません。そして声を上げたときは、まだ世の中も、その声の重要性に気づかない。最高裁の判決に彼女はくやしさをにじませていましたが、彼女の投げた一石は大きな波紋を広げました。

もしかしたら、こんな女性が新しい扉を開くのかもしれませんね。

【コラム】

生まれながらに損をする？　婚外子の相続問題——時代が「正義」をかえていく——

今回の夫婦別姓訴訟では、大法廷によって「民法750条の規定は合憲」と判断されました。司法のトップである最高裁がわざわざ違憲審査権を行使して「夫婦が別々の姓を使ってはダメ」と突き放した判決を確定させた。ということは、日本では今後もずっと夫婦は同じ姓を使いつづけなければいけないのでしょうか。

実は、必ずしもそうとは言い切れません。なぜなら時代によって「法の正義」が変わることがありうるからです。過去にあった、婚外子相続差別裁判が、まさにそれにあたります。

それは、法律上の夫婦のあいだに生まれた子ども（嫡出子）と、夫婦になれない男女間に生まれた子（婚外子）とのあいだに規定されている遺産相続の「区別」が、「差別」にあたるかが問われた裁判でした。

親の遺産相続をめぐり、民法900条には「嫡出でない子（婚外子）の相続は、法律上の夫婦の子である嫡出子の相続分の2分の1とする」という規定がありました。

結婚している夫婦のあいだに子どもがいて、さらに夫が別の女性とのあいだにも子どもをもうけた場合、夫の遺産は「嫡出子：婚外子＝2：1」の割合で相続するという規定です。かりに夫の遺産3000万円を、子供2人で相続するとしたら、嫡出子の相続分は2000万円、婚外子は1000万円となります。家制度の影響が色濃く残った明治民法から引き継がれ、戦後の民法改正でも「法律婚の尊重」という目的でこの規定が残されていたのです。

法律婚の男女にできた子どもだろうと、結婚していない男女にできた子どもだろうと、少なくとも子どもには何の落ち度もない。この規定は法の下の平等に反している。

――ある婚外子の方が、この区別は差別だとして、裁判所に判断を仰ぎました。1990年のことでした。

1、2審とも原告側の主張がしりぞけられた後、初の憲法判断が求められた最高裁は19

９５年７月、大法廷を開き、この規定を「法の下の平等に違反していないので合憲」と判断しました。95年当時の大法廷判決は、この法律ができた理由について、「法律上の夫婦の間に生まれた嫡出子の立場を尊重するとともに、嫡出子でない子(婚外子)の保護を図っている」として、「この法律がもうけられたのは『合理的な根拠』がある」と考えたのですね。この法律は婚外子を不平等に扱う規定ではなく、むしろ婚外子にも遺産相続を保障した規定だという理屈でした。

ただし、この大法廷の判断は、全員一致の意見ではありませんでした。女性裁判官1人(当時女性は1人だけ)を含む5人が違憲だとして反対意見を述べていました。

時代が進むにつれ、家族のあり方も、あらゆる方向に押し広げられていきます。離婚率はもちろん、再婚率も上がりましたし、婚姻届を出さない事実婚や、法律上の夫を持たないシングルマザーも増えました。

「婚外子の遺産相続は嫡出子の半分」という規定に、やはり納得のいかない人たちは、その後も、新たな裁判を起こし続けました。

最高裁はこうした裁判が上がってくるたびに、小法廷で審理し、95年の大法廷の判例に従って「合憲」とし続けました。通算5度にわたって、小法廷でこの前例を踏襲しました。天下の大法廷の判断なのですから、「法の正義」はそうそう変わりません。

ただ、結論は変わらないのですが、少し細かくのぞいてみると、小法廷で審理した裁判官のうち、かならず誰かがこの規定について「違憲」だと反対意見を述べていたのです。

十年一日のごとく司法判断が変わらないあいだも、俗世はゆるゆるともつれながら変わります。国勢調査などによると、「未婚の母親」は2000年の6万3000人から、10年間で13万2000人に増えました。ほぼ倍増です。全出生数に占める婚外子も1990年の1・1%(1万3000人)から2011年には2・2%(2万3000人)に。リアルな家族のあり方が変わると、国民意識にも変化の兆しが見えてきます。

さらに、国の世論調査では、この規定について「現在の制度を変えない方がよい」と答えた人は94年の49・4%から2012年には35・6%に減少しました。

そして、ついに2013年、この裁判がふたたび大法廷に回付されました。結果は全員一致で「違憲」。とうとう最高裁の過去の判断が、ひっくりかえったのです。

「法律婚という制度が定着しているとしても、父母が婚姻関係になかったという、子にとっては自ら選択の余地のない事柄を理由として、不利益が及ぶことは許されない。子を個人として尊重するべきという考え方が(国民の間でも)確立されてきている」

2013年9月、大法廷は違憲とした理由をそう述べました。

時代によって「正義」がかわる。法の世界でも、国民の意識や時代の移り変わりによって、正義は書き換えられるのですね。

もちろん一気呵成に変わるわけではありませんが、雨だれがいずれ石を穿《うが》つように、小法廷で誰か彼かが「違憲」の痕跡を残していく。そうすることで、あるとき一気に突き抜けるのですね。ふり返れば、個別意見は胎動の足あと。

こうして遅ればせながら、最高裁は家族のあり方をデザインしなおしたわけです。

ちなみに違憲審査権は個別的効力しかありません。大法廷の判断の3か月後。国会は、この民法の規定を削除しました。こうして立法にも反映されることで、この判断の効力が広く普遍化されたのですね。

第2部　市民が裁く罪と罰　手綱をにぎる最高裁（刑事編）

上）裁判員裁判の法廷（毎日新聞社提供）　下）正義と公平をあらわす最高裁のテミス像（最高裁判所提供）

第3章　死刑と無期懲役のわかれみち
——死刑破棄事件にみる裁判員裁判の難しさ——

最高裁は日替わり裁判長

いよいよ本章からは、刑事裁判の話に入ります。

僕が見た裁判員裁判をからめながら、最高裁の素顔を紹介していきましょう。


司法の頂点に立つ最高裁は、地裁や高裁とちがって、業界きっての「よろず屋」。

実は、最高裁の裁判官たちは、両刀使いなのです。

すでに説明したように、最高裁の裁判官は全部で15人ですが、民事事件と刑事事件とで担当が分かれているわけではありません。民事／刑事のどちらかに特化するのではなく、全員が両方とも分けへだてなく審理するのです。

ちょっと詳しく説明しておきましょう。

最高裁を除くすべての裁判所のことを、全部ひっくるめて**下級裁判所**といいます。地裁、家裁はもちろんのこと、高裁も下級裁判所にふくまれます。

これらの下級裁判所では、刑事か民事かで、担当する裁判官がはっきり分かれているのが当たり前。

司法試験に合格し、裁判所に就職（**任官**といいます）した裁判官は、まずは地裁からキャリアをスタートさせます。駆け出し時代は民事も刑事も担当しますが、最初の10年ぐらいで多くの裁判を経験するあいだに、自分が民事と刑事のどちらに向いているのかを見極め、いずれかの道を進むことになります。扱う対象を絞りこむことで、より専門性を深め、スペシャリストとしての経験値を高めていくわけです。

これに対し、最高裁の裁判官たちは二刀流。民事も刑事も、何でもござれです。スペシャリストでありながら、どんな球でも打ち返すゼネラリストの能力も求められているのですね。昨日は医療ミス、今日は虐待死、明日は不当解雇を裁く――といったように、オールマイティさが必要とされるのです。

そして、もうひとつ。

裁判長はローテーション制です。

地裁や高裁では、一番のベテランが裁判長として固定されていますが、最高裁ではひとつひとつの事件ごとに、取りしきる裁判長が替わります。交代しながら順ぐりに担当する、持ち回りの裁判長なのですね。

これらの特徴を、わかりやすく流れとしてまとめると、次のようになります。

①上告されて最高裁まで上がってきた事件は、民事・刑事に関係なく、受け付けられた順で機械的に3つの小法廷のどこかに割り振られる。

②小法廷の裁判官5人のうち、誰が裁判長をつとめるのかは、ローテーション次第。そのときのめぐり合わせで決まる。

こうした審理のしくみを採用していますから、最高裁では、かつて民事事件を専門にしていた裁判官が、ときには刑事事件の裁判長になったりしますし、またその逆もザラにあります。さらには厚生労働省や外務省など、いわゆる「お役所」出身の裁判官が、かつてのキャリア時代にはなじみがなかった刑事事件の裁判長にあたるなんてことも、しょっちゅうです。

そんな門外漢に裁判をまかせて大丈夫？　と思いますか。

最高裁
民刑にかかわりなく機械的にわりふられる
訴訟事件
・15人全員がオールマイティ
・裁判長はローテーションで日替わり
下級裁判所
訴訟事件
・民事と刑事で担当者が分かれている
・裁判長は固定でベテランが担当

いいえ、心配ご無用。むしろ最高裁は、狭い視野に陥ることなく、より多角的な視点で審理しようという考え方に基づいて、このようなルールで運用しているのです。

それでは、市民裁判と最高裁の関わりについて、くわしくみていきましょう。

シロウトによる裁きの庭　裁判員の死刑宣告

裁判って、どうしても私たちの生活と縁遠い感じは否めませんよね。ふつうの生活をしていれば、「出るとこ出るぞ！」なんて裁判沙汰に巻きこまれることも、そうそうないでしょう。日常、みなさんが裁判所に足を運んだり、訴訟を起こしたり、はたまた法廷に立つなんて機会は滅多にないかと思います。

しかし、世の中そうもいってられなくなりました。

一般の市民が裁判に参加する**裁判員裁判**が始まったのです。

参加するといっても、ただ傍聴するわけではありません。事件をジャッジする立場として、プロの裁判官と席を並べるのです。

この裁判員制度は、2009年5月からスタート。20歳になれば、だれでも裁判員に選ばれる可能性があります。じっさいに選ばれるのは、年間で1万人前後。宝くじよりずっと高い確率で、お呼びがかかります。

そして、裁判員裁判で扱われるのは、刑事事件のみ。

しかもヘビーなことに、

「死刑か無期懲役になりうる事件」(殺人罪、現住建造物等放火罪、身代金目的誘拐罪など)と、

「故意の犯罪で、人が死亡した事件」(傷害致死罪、危険運転致死罪、保護責任者遺棄致死罪など)

に限られています。

きわめて重大な事件を、一般市民に裁かせるということですね。

シロウトである市民裁判員が、他人のトラブルに首を突っ込まされる。そのあげく、死刑を言い渡すことも想定されている。正直なところ、気が重いという方も多いでしょう。

最高裁の調査によると、実は半数以上の人が「裁判員なんてやりたくない」と答えています。

ただ、市民から選ばれた裁判員たちが裁くといっても、純粋に市民だけで結論を出すわけではありません。市民裁判員6人に加え、プロの裁判官3人も必ず入ります。つまり、シロウトとプロとの「混合」裁判なのですね。

この9名の合議体で、市民裁判員と職業裁判官の**協働**《きょうどう》(という言葉を最高裁は使います)をはか

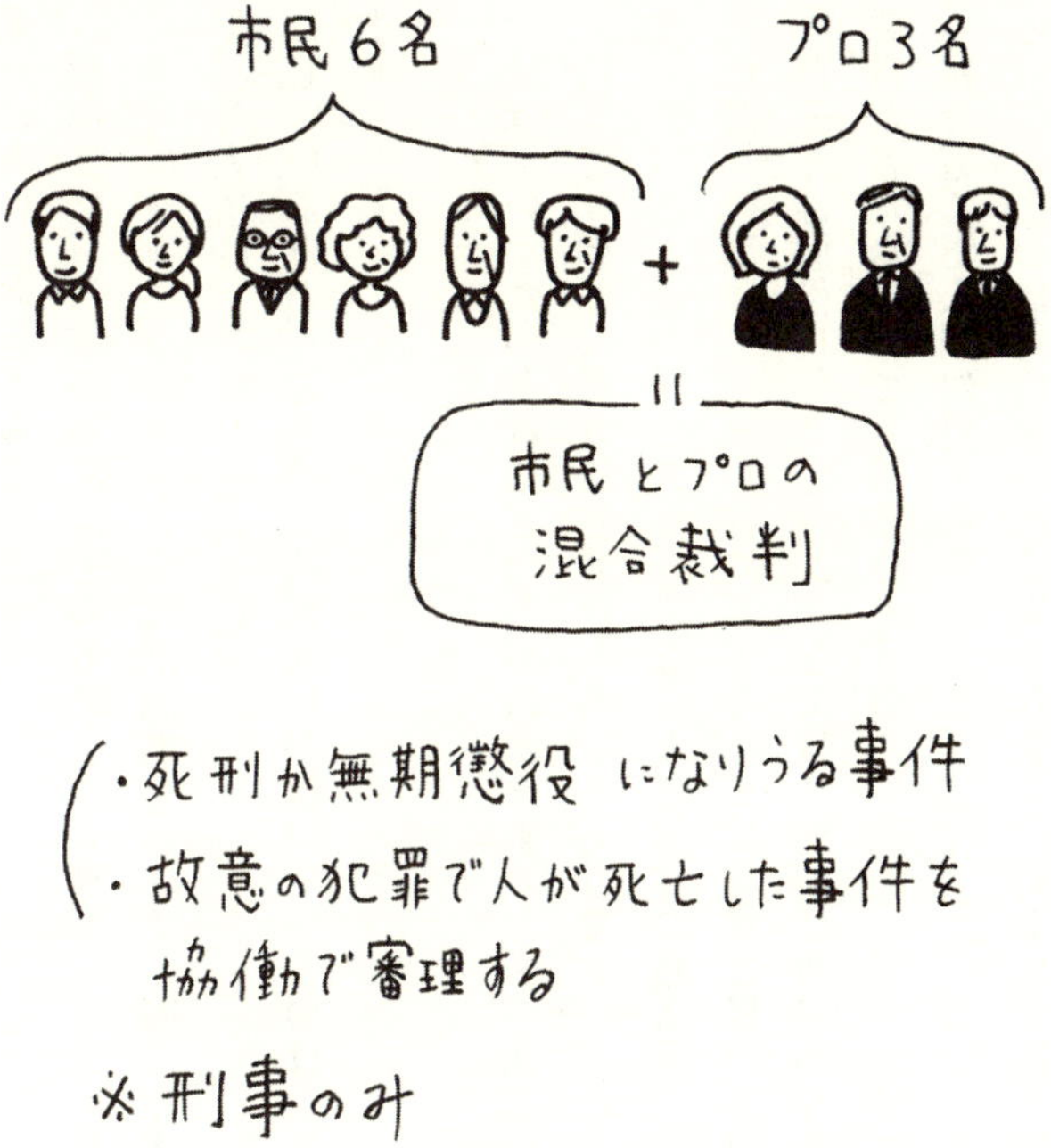

裁判員裁判

り、裁判を身近でわかりやすいものにする。今まで近よりがたかった裁判に、より現実的な市民感覚を取り入れる。そうすることで、司法への理解と信頼を深めようというのが、この制度の狙いです。

　プロ裁判官も入っているなら肩の荷が下りる――というわけではないかもしれません。ですが、僕たち一般市民は裁判に関してずぶのシロウトですから、やはり安心感はあるでしょう。

＊　＊　＊

さて、ここであらためて「死

刑」について考えてみましょう。

死刑とは、日本の刑法が定める最も重い刑罰です。いわゆる極刑ですね。

いっぽうヨーロッパでは、死刑制度を廃止する国が相次いでいます。死刑を続けているなんて、非人道的。そうした考えに基づいて、EU(ヨーロッパ連合)は「死刑廃止」を加盟の条件にしているほど。先進国で死刑執行が続いているのは、アメリカや日本ぐらいとも言われています。


では、いったいどれほどの悪事に手を染めたら、死刑になるのでしょうか。

日本で死刑になりうる犯罪はいろいろありますが、なんといっても典型的なのは、人を殺してしまったときの罪ですね。みなさんご存じの殺人罪や強盗殺人罪などです。

ただ、死刑って、法律的にみても、実は非常に扱いが難しいテーマなのです。

たとえば懲役15年と懲役20年とでは、刑期に数量的な連続性があります。でも、死刑と無期懲役だったらどうでしょう。そうした連続性がぶった切られてしまいますね。

罪を犯した人間に対する罰として、「無期限の服役をさせる」ことと、「死んで償わせる」こと。この2つは質がまったく異なります。死刑は究極の刑罰といわれるだけあって、やはり特殊なものなのです。

そんなに重たいテーマなのに、裁判なんてやったこともない一般人が、究極の判断を迫られる。なかなか酷なことかもしれません。

もちろん、裁判員裁判で死刑を言い渡したからといって、その判決がすぐに確定するわけではありません。日本は3審制を採用しているからです。

不服があれば控訴して高裁に、それでも納得できなければさらに上告して最高裁に、その判断を仰ぐことができる。ただ、そうすると、1審の裁判員裁判と2審の高裁とで、判決が異なるケースも出てきますよね。

そんなとき、最高裁はどのような判断を示すでしょうか——。

反ポピュリズム？　最高裁が「死刑」判決にダメ出し

市民による裁判員裁判が、死刑を選択した。

しかし、その先の高裁で、プロの裁判官がこれを取り消した（破棄した）。

最高裁は、どちらの判決を支持するべきか。

そんな難しい問題をあつかった刑事裁判がありました。死刑の是非が争われた、強盗殺人事件の上告審です。

1審の裁判員裁判では「死刑」。2審の高裁では「無期懲役」。判断が真っ二つにわかれたのです。

強盗殺人罪は、死刑か無期懲役、2つに1つと決まっています。ですから判決は、死刑から死刑回避へと、180度ひっくり返ったようなものです。

最高裁での大一番に注目が集まるなか、2014年2月。最高裁は、プロの裁判官だけで審理した高裁の判断を支持しました。つまり、無期懲役の確定です。

市民たちが選択した死刑の判断は、プロの手によって取り消されたのです。

――この展開、なにか違和感を覚えませんか？

そもそも裁判員裁判を始めた目的は何だったでしょう。

市民に裁判へ参加してもらい、「裁判官のジョーシキ、世間のヒジョーシキ」と揶揄されもした裁判に、市民感覚や日々の生活の視点を取り入れる。それが、狙いだったはず。また、裁判をより身近でわかりやすいものとすることが、目的でもあったはず。

それなのに、なぜ最高裁は、身内(同業者)の判断を支持し、市民が選んだ判決をわざわざ否定するような結論を出したのでしょうか。

実際この事件は、手口のむごさや被害の大きさをみると、市民裁判員たちが死刑を選んだ心情もわからなくはないのです。

市民の視点を反映させるなどと謳っておきながら、裁判員裁判は、しょせん掛け声だおれにすぎないのでしょうか。それとも最高裁は、結局は身内びいきなのでしょうか。

この矛盾を念頭に置きながら、まずは具体的にどんな事件だったのか、追っていきましょう。

松戸女子大生殺人事件

２００９年12月、一人の無職の男が起訴されました。

竪山辰美被告(48歳)。

強盗強姦未遂。強盗強姦。監禁。現住建造物等放火。強盗殺人。死体損壊――など、起訴されたものだけでも11件の罪を犯していました。凶悪罪名のオンパレードです。

この一連の事件は、件数がおびただしいのはいうまでもなく、犯行の内容もむごいものばかりでした。

何より世間を騒がせたのが、この被告、強盗や強姦をはたらいて2度も刑務所に入っていながら、出所後わずか3か月足らずで、次々とこれらの事件を起こしていたことです。

手口の一例をあげましょう。

竪山被告は2009年10月上旬、強盗する目的で、千葉県内の一軒家に侵入。1階の和室にいた女性(61歳)の側頭部を足で蹴り、さらに顔面をゲンコツで数回なぐって大けがを負わせました。女性は下あごを骨折し、顔面の打撲、外傷性くも膜下出血などの重傷で、知覚障害の後遺症も残りました。

それだけでは、終わりません。

さらに竪山被告は、30分後に帰宅した娘(31歳)も襲います。顔面をゲンコツでなぐり、スパッツで両手首を後ろ手に縛りあげ、車で人気《ひとけ》のない場所に連れていき、性的暴行を加えたのです。

あげく、キャッシュカードの暗証番号を聞き出して、現金55万円を奪って逃走しました。

それから2週間後。

竪山被告はふたたび事件を起こします。松戸市で女子大生の命を奪ったのです。いわゆる松戸女子大生殺人事件です。

裁判所によると、概要は次のとおり。

10月20日夜～21日の未明ごろ、竪山被告は夜陰に乗じて、松戸市のあるオートロックマンションの2階に忍び込みます。ベランダの掃き出し窓から施錠をはずして侵入したのです。

部屋には誰もいませんでしたが、室内を物色するうちに若い女性が一人暮らししていると確信。そのまま、居すわり続けます。

部屋に住んでいたのは、県内の大学に通う女子大生(21)。竪山被告は、彼女が帰宅すると、まずストッキングで両手をしばって抵抗できない状態にしたうえで、現金やキャッシュカードを奪いました。そして動機はハッキリしないものの、台所で見つけた包丁で彼女を刺殺したのです。

そのやり口は、左胸を続けざまに2回、首も2回刺し、さらに左胸をもう1回突き刺すという、残忍きわまりないものでした。また、女性は衣服を脱がされてもいました。

あろうことか、竪山被告は証拠の隠滅もはかります。殺害の翌日、ふたたび女性の部屋に忍び込み、ライターで火を放ったのです。放火して遺体を焼いたのです。

女子大生の命を奪ったあとも、竪山被告の犯行は止まりませんでした。それから10日も経たないうちに、今度は別の女性を駐車場で暴行。さらにもう一人、別の女性の自宅に侵入し、現金15万円を奪ったうえに、しつこく性的暴行を加えるなど、犯罪に手を染め続けました。

ようやく逮捕されたのは、松戸での女子大生の強盗殺人事件が発覚してから、約1か月後。女子大生の遺体が発見されたあとも、竪山被告がなかなか捕まらなかったことから、新聞では1面、社会面で展開される大きなニュースとなりました。

強盗殺人は「死刑」か「無期懲役」しかない

さきほども軽く触れたように、日本の刑法では、強盗殺人罪をおかした場合の刑罰は、死刑もしくは無期懲役、そのどちらかしかありません。

日本は**罪刑法定主義**ですから、おかした犯罪の種類に応じて、科される刑罰がきちんと規定されているのです。これを、**法定刑**といいます。

たとえば窃盗罪なら、10年以下の懲役または50万円以下の罰金です。法律が定めている上限が懲役10年なのに、裁判でいきなり懲役20年を言い渡される――などというデタラメなことは、ありえないわけですね。どこの裁判所でどの裁判官に裁かれようと、法定刑の範囲のなかで、刑が定められます。

竪山被告のケースはどうでしょう。

強盗殺人罪で有罪になると、死刑か無期懲役かの２つに１つ。ただし実際には殺した人数が１人だけであれば、死刑が宣告されることは、あまりありません。* 問題は、竪山被告をそのパターンに当てはめてもいいのかどうかです。

松戸での殺人事件をみるかぎり、竪山被告が殺したのは女子大生１人ですが、ほかにも強盗や強姦などさまざまな凶悪事件を起こしており、悪事は十指に余ります。

また、計画性があったという認定はされていませんが、それは竪山被告が裁判で供述を二転三転させたり、つじつまのあわない供述をするなどしていたためでもありました。

検察は無期懲役ではとても足りないとして、死刑を求刑していました。

たいへん難しい事案に頭を悩ませましたが、市民による裁判員裁判で出された結論も、やはり死刑でした。

では、裁判員たちは、何をポイントに死刑と判断したのでしょうか――。

＊心神耗弱や心神喪失など十分な刑事責任能力が備わっていない場合や、被告に何か酌み取るべき事情がある場合などは刑が減軽されます。

被害者が1人でも死刑　市民による極刑選択

裁判員裁判が、死刑を選んだ理由。

まずもって注目されたのは、犯行の手口がきわめて残忍だったことです。

亡くなった女子大生の体には、左胸と首に合計5か所の刺し傷や切り傷がありました。包丁で左胸を刺した傷は、深さ11センチにまで達し、胸骨が切断されていました。よほどの力をこめて切りかかったとみえます。

司法解剖した医師は、その犯行を再現します。

竪山被告がスピードをつけて体重をかけるようにしながら、女性の胸めがけて包丁を一気に振り下ろした——と。そして、さらにとどめを刺すために、包丁でもう一度胸を突き刺していました。それは、金属製の刃が根元から折れてしまうほどの、激しい損傷でした。

裁判員裁判の判決は、こうした犯行の手口を「執拗にして冷酷非情」と断じています。また、証拠の隠滅をはかって部屋に火を放ったことについても、「危険性が高い悪質な犯行」と非難しました。

亡くなった女性は大学４年生。卒業後は、先生として母校の教壇に立つことを夢見ていました。

「被害者が抱いた恐怖心などの精神的苦痛や、包丁で刺されたことの肉体的苦痛は、きわめて大きかったとうかがわれる。男の凶行によって、希望に満ちあふれた豊かな将来を突如奪われた。両親や兄など、愛する家族を残して絶命せざるをえなかった被害者の無念と悲嘆の情は察するにあまりある」

判決は、そう述べています。

そして、死刑を言い渡すにあたって、さらに看過できなかった重要なポイントは、竪山被告がほかにも重大犯罪を重ねてきたことでした。

市民裁判員たちは、松戸の殺人事件だけでなく、その前後に竪山被告が起こしていた一連の強盗や強姦も、いっしょに盛り込んで死刑を考えました。立て続けに起こした複数の犯行を、いわばワンセットで総合的に判断したのです。

竪山被告が強姦行為に及んだのは、少なくとも2人。

少林寺拳法3段と自称していた竪山被告は、強盗のさいは被害者を容赦なくゲンコツで殴ったり、靴をはいたまま蹴りつけたりと、ひどいものでした。その被害者も4人。

このうち2人は、神経障害や記憶喪失といった重い後遺症が残っています。命を落としてもおかしくなかったほどの重篤なケガを負った人もいます。判決はこうした被害にも触れ、「悪質で重大だ」と強調しました。

また、過去の事件との類似性も見過ごせないとして注目されました。竪山被告の一連の犯行のやりくちが、過去の強盗や強姦と似ていることにも言及し、「人格の反社会性がきわめて顕著」だと批判したのです。

そして、竪山被告がこれらの前科により長いあいだ服役して、心の底から反省する機会を十分に与えられたにもかかわらず、出所後わずか3か月足らずで再犯に及んだことも、厳しく追及しています。

判決は、こう結論づけました。

「殺人事件以外にも、強盗致傷や強盗強姦といった重大事件を複数回犯し、被害者のなかには死亡してもおかしくないほどの重篤な傷害や、深刻な性的な被害を受けたものがいる。これらの事情を考慮すると、**殺害された被害者が1人であることや、殺害行為に計画性があったと認められないことは、それぞれ重要な事情ではあるものの、竪山被告に極刑（死刑）を回避すべき決定的事情とまではならない**」

市民が参加して、市民の意見が反映されたうえでの死刑の選択。市民が何をポイントに判断したのかが、ここに集約されています。

最高裁の扉を開くカギ　上告がみとめられる条件

ところが、竪山被告は控訴し、2審の高裁では死刑判決が取り消されました。

死刑から、無期懲役へと、ひっくり返ったのです。

そして2015年、上告を受けた最高裁も、この高裁の判断を支持。

せっかく裁判員たちが悩みに悩んで出した死刑判決でしたが、くつがえされてしまったのです。

裁判員裁判では、市民から選ばれた裁判員たちが、アマチュアなりにも真剣に考えぬいた末に、死刑を選んだはずです。プロの裁判官だけで構成される上級審は、なぜこの判断を受け入れなかったのでしょうか。

実は最高裁は、この件について、法廷を開いて審理をしたわけではありません。上告理由にあたる憲法違反も判例違反もないとして、**上告棄却**の**決定**を出したのです。その決定をもって、高裁の判断を是認したのです。

——上告棄却？　決定？？　それってどういうことでしょうか。

第1章で説明したように、最高裁は事実審ではなく法律審。ですから、実は上告できる理由が限られているのです。なんでもかんでも受け付けてはくれません。

そして、刑事事件で上告が認められる主な理由は、**憲法違反**、**判例違反**、**法令の解釈の誤り**です。

法廷を開く
①憲法違反
②判例違反
③法令解釈のあやまりなど
最高裁判所
9割以上は門前払いの「決定」で終わる
決定
数々の上告

つまり、上告されて最高裁まで上がってきた案件でも、これらの違反に当たらないと判断した場合は、法廷を開いて判決を出すという手続きを踏まずに、簡単な書面だけの「決定」で終わらせることができるのですね。実際には上告事件の9割以上が、この「決定」で処理されています。

法廷を開くまでもないとして出された「上告棄却」の「決定」は、「そもそも上告の要件を満たしていませんよ」という、けんもほろろの門前払いなのです。

ということは、いくら「最高裁まで争うぞ！」と鼻息を荒くしても、「まだ最高裁がある！」と気炎を上げても、憲法や判例にかかわる案件でなければ、最高裁には相手にしてもらえず、「決定」であしらわれるのがオチだということですね。

「死刑」と「無期懲役」のわかれみち

こうした決定は、俗にいう三下り半ですから、判断の詳しい理由なども書かれていない、実にあっさりした文面がほとんどです。

三行《さんぎょう》決定とも呼ばれるだけあって、たいていは「本件上告を棄却する」というお決まりの主文に続いて、「最高裁マターではないので、受け付けられません」という旨の理由が、ほんの3〜4行書いてある程度。

ところが、今回ばかりは特別でした。

裁判員裁判で出された死刑判決が、高裁で白紙撤回された事件について、最高裁が口を開くのは、なにしろ史上初のこと。

最高裁は竪山被告の量刑について、職権で独自に見解を示したのです。かくして、決定ではありながら、通常の判決文と大差ない長文となりました。

法律審である最高裁として、裁判員裁判の判決を受け入れなかった理由を、かなりていねいに説明しているのですね。

最高裁はまず、「死刑」という刑罰のあり方について、司法機関としてのスタンスを示します。

「死刑は、究極の刑罰であり、その適用は**慎重**に行わなければならない。裁判の結果はだれにでも公平であるべきだが、とりわけ死刑については**公平性の確保**に十分に注意を払わなければいけない」

また、

「そのような観点から検討を行った結果である**裁判例の集積**を、死刑の選択のさいには分析しておくことが不可欠だ」

と前置きします。

なにやら固い言葉が続きました。かみくだいてみましょう。

要するに、死刑を判断するにあたっては、「慎重」と「公平」がキモ。これらは絶対に崩してはいけない。だからこそ、量刑について考えるときは「過去の裁判例の積み重ね」を重視しなければいけないよ、と強調しているのです。

いわれてみれば当然のことですね。過去にどんな裁判例があったかを無視して、審理する人たちが場当たり的に判断を下すようでは、いちじるしい不公平を生んでしまうでしょう。

自然科学の世界では、巨人の肩の上にのって新たな成果を重ねていきますが、司法もおなじ。先人の積み重ねてきた裁判例との調和を保ってこそ、「慎重」と「公平」が守られるのですね。

続いて、こうしたスタンスと裁判員裁判の関係について、決定は言葉を重ねます。

「(このことは)裁判官のみで行われる裁判であろうと、市民も参加する裁判であろうと、変わるものではない」と。

これもまた当然の警告といえるでしょう。

たとえアマチュア市民が参加する裁判員裁判だからといっても、その場のノリで死刑が量産されるようでは困ります。先例からかけ離れたイレギュラーな判決が出ないように、警鐘を鳴らしているのですね。

ここまではスムーズに理解できるかと思います。

では、話をもう一段掘り下げましょう。

最高裁がここまで口をすっぱくして強調する、死刑をめぐる「裁判例の集積」(過去の裁判の積み重ね)って、具体的には何のことを指しているのでしょうか?

決定文そのままの表現を借りれば、「昭和58年判決に示された考慮要素につき検討する」というモヤっとした言い方になりますが、これは法曹界の人間にとっては言わずとしれた伝家の宝刀。ほかでもない、**永山基準**のことを指しているのです。

死刑について判断するさいに、必ずといっていいほど持ち出される永山基準というものを耳にしたことがありませんか？　死刑を選ぶ場合のモノサシ、判断基準として、よく引き合いに出されます（最高裁などでは「基準」という表現はしておらず、あくまでも「考慮要素」といっています）。

ご多分に漏れず、今回の決定も、死刑の判断における考慮要素として、永山基準を引っぱりだしてきました。

すなわち死刑は、

①犯行の性質
②動機
③犯行態様。特に殺害方法の執拗性と残虐性
④結果の重大性。特に殺害された被害者の数
⑤遺族の被害感情
⑥社会的影響
⑦犯人の年齢

⑧前科
⑨犯行後の情状
――の9項目を判断材料にすることが、大前提。

これらの要素すべてについて考慮したうえで、死刑を選ぶことが本当にやむを得ないのかを総合的に判断する。これが永山基準の考え方であり、司法の世界で代々使いこまれてきた、死刑におけるモノサシなのです。

量刑とは、刑をはかること。何かをはかるためにはモノサシが必要ですが、みんながてんでばらばらの尺度を持ち出してきたのでは、話がかみあいません。公平で慎重な審理をするためには、先にモノサシを統一しておくことが欠かせないわけですね。

ですから、被告が本当に死刑に値するかどうかを考えるためには、まずはこうした前提を、裁判に参加する人たち全員が理解し、共有すること。それが審理のスタート地点になるのです。

さあ、以上のことが頭に入れば、予備知識は万全です。最高裁の決定に目を戻しましょう。

最高裁は、過去の裁判例にもとづいて、「殺害された被害者が1人の強盗殺人事件で、当初から被害者の生命を奪うことを計画していなかったケース」の枠組みに、竪山被告を当てはめます。

そして、こうしたケースでは「死刑ではなく無期懲役が選択されたものが相当数みられる」と指摘するのです。データに語らせてはいますが、のっけから、言わんとすることが伝わってきますね。

殺した人数が1人だけで、なおかつ殺害に計画性がなかったとしたら、死刑は重すぎるんじゃないの？　と疑問を投げかけているのです。

裁判員たちが出した死刑判決は、先例と比べてアンフェアにすぎるのでしょうか。

確認していきましょう。

モノサシの使い方

最高裁は、殺害の事実認定については口をはさみません。

そのうえで、過去の強盗殺人事件の判断枠組み（パターン）に今回の事件を当てはめてみると、

「松戸の事件が被害女性の殺害を計画的に実行したとは認められないことは、見過ごせない」

と指摘しています。

<table>
<tr><td>市民をまじえた裁判員裁判</td><td>⇨</td><td rowspan="2">• 被害者は１人
• 計画性は△
• 前科や，ほかの犯罪も数が多いうえに手口が残酷</td><td>⇨</td><td>死　刑</td></tr>
<tr><td>最高裁</td><td>⇨</td><td>⇨</td><td>永山基準を当てはめて死刑回避</td></tr>
</table>

市民とプロとで，事実認定はおなじなのに，モノサシの使い方により判決はひっくり返った!!

たしかに竪山被告は法廷で、殺害のいきさつや動機について不合理な弁解を繰り返しており、結局きちんとした理由はわからずじまいでした。

そうした流れも踏まえると、「殺害直前の経緯や動機を具体的に確定できない以上、その殺害方法の悪質性を、量刑上重くみることにも限界がある」として、待ったをかけているのです。

こうして計画性というポイントをつぶしたあと、続けて、被告人が犯したほかの事件や前科などの過大視についても、ふたつめの待ったをかけました。

思い出しましょう。

裁判員裁判では、竪山被告の手口が残酷で悪質だったことのみならず、松戸の事件のほかにも強盗や強姦など数多くの罪を重ねていたことも、ワンセットで死刑の理由に盛り込んでいましたね。

しかし、最高裁はこの点にも異を唱えたということ。

松戸事件以外の犯行は、いずれも人の生命を奪おうとしたものではないとして、明確に切り離したのです。

よって、「松戸事件以外の悪質性や危険性、被告人の前科などをいかに重視しても、これらを死刑の根拠とするのは困難だ」

——これが、最高裁の出した結論でした。

裁判員裁判と最高裁では、事実の認定についてはまったく同じでありながら、モノサシの使い方が異なるため、量刑の判断が「死刑」から「死刑回避」へとひっくり返ったわけですね。

何のための市民の声か

松戸の女子大生殺害事件は残酷な事件だったうえ、竪山被告が逃げて逮捕までに時間がかかったため、報道合戦が過熱しました。事件後には、母親がマスコミに向けて痛切な思いをつづったコメントを発表し、大きな話題を呼びました。

何の落ち度もない遺族の悲嘆や無念の声。それは、やはり理不尽な現実を生々しく突きつけられるもので、人の胸に迫ります。

いっぽうで、一般人である裁判員が、自分の審理した被告に死刑(日本では絞首刑)を選択するというのも、たいへん重い決断です。

この事件の市民裁判員は、男性1人、女性5人という構成でした。

裁判員をつとめた女性は、判決後の記者会見で、

「寝ている時間以外は、裁判のことしか考えていなかった。悩んで悩みつくして、すごくつらかった」

「殺人は1件で被害者は1人だったので判断に迷ったが、ほかの事件も結果が重大だった。私は知識もない一般人として参加したが、結論に後悔はない」

と振り返っています。

また別の男性は、

「今回の死刑で死刑反対派になった。本当にこれで良かったのかと思う」

と語りつつ、被害女性の父親と母親が法廷で意見を述べたさいには、涙が止まらなかったといいます。

思いは、それぞれ複雑。ただ、参加した一人一人が、この裁判員裁判を通じて死刑問題を深

く考えていたことは確かです。最高裁がまとめたデータ(2015年度)によると、裁判員裁判に参加した96%以上の人が「良い経験をした」と答えています。裁判員の方々が、裁判にそれだけ真剣に向かい合った証といえるでしょう。

なればこそ、あえて繰り返しましょう。

苦悩しながらようやく裁判員が絞りだした答えを、プロの裁判官がひっくり返していいのか。これではただの茶番ではないか、いったい何のための市民参加なのか。

そんな不満や批判の声が聞こえてきそうではありませんか。

裁判官が裁判官を叱る　裁判を裁く最高裁

この事件で最高裁が出した死刑回避という決定は、裁判官全員一致の意見でした。

DNA型鑑定をめぐる親子関係不存在訴訟のときのように意見が割れることなく、一枚岩の結論になっています。ですから、今回の決定のメッセージが、より強く押し出されたかっこうになるわけですね。

今回の事件を担当したのは第2小法廷。裁判長をつとめたのは、千葉勝美《かつみ》裁判官でした。千葉勝美裁判官は、民事事件、とりわけ行政事件に詳しい、その道のプロです。仙台高裁の長官を経て、09年に最高裁の裁判官に就任しました。

ちなみに、好きな作家は村上春樹や塩野七生。音楽だったら中島みゆき。プライベートでは庶民的なところもあって、親しみのもてそうな裁判官ですが、かつては最高裁の**調査官**を長くつとめていました。

調査官というのは、最高裁の裁判官たちの舞台裏で、事務方として事件処理をバックアップする、いわば黒子の人たちです（詳しくはコラム参照）。

千葉裁判官は、調査官のトップである**首席調査官**までつとめあげていて、最高裁の裁判官になる前から、上告事件は手になじんでいるのですね。

千葉裁判官は、この決定について、多数意見を補うかたちで自らの個別意見（補足意見）も出しています。

先にも触れたように、「決定」は判決と違って、ふつうは三下り半で空しく終わることがほとんど。ところが千葉裁判官は、かなりの紙幅を割いて、自分の意見を述べているのです。

市民から選ばれた裁判員の方々が、考えに考えぬいた末の死刑だったのに、その判決をプロの裁判官たちが覆したわけですから、裁判長としてそれなりに丁寧な説明が必要だと思ったのかもしれません。

千葉勝美裁判官の真意に思いをはせながら、その意見を読みくだいていきましょう。

まず冒頭。

「死刑について国民の意見や感覚は多様である。その適用が問題となる重大な裁判に国民が参加すれば、国民の理解は深まり、刑事司法の民主的な基盤が強固になる」

千葉裁判官は、こうした死刑や無期懲役といった重大な刑事事件を、なぜあえて裁判員裁判で扱うのか、その意義をあらためて説明することから始めています。

そして、

「国民の良識を反映させた裁判員裁判が、職業裁判官の専門家としての感覚とは異なるという理由から、安易に変更されてはならない」

と続けます。

ただ単に、シロウトである市民の感覚がプロとは違っているから、というだけの理由で否定されるべきではないと明言しているのですね。

大摑みにまとめると、プロの裁判官の意見だけでは裁判は成立しませんよ、市民の方々のセンスも尊重しますよ、という話です。

千葉裁判官は、補足意見のマクラとしてそうした大枠を固めたあと、本題に入ります。過去の裁判の実例からすると、死刑にはまず「被害者の数」、それから「犯行の計画性」が判断の要素になると強調しながら、事件に切り込んでいくのです。

そう、永山基準です。

松戸の女子大生殺人事件は、被害者が1人。計画性があったとまでは断定できない。裁判員裁判でそうした事実認定がされたのなら、死刑判決は合理的なものとは言い難い。また、竪山被告が起こしたほかの強盗や強姦事件は、殺意を伴うものではなく、その悪質性を重く見たとしても、死刑の根拠づけとしては弱い――。これが千葉裁判官の考えです。ここまでは決定文とほとんど同じですね。


ところがこの補足意見、続きを注意深く読み進めていくと、実は死刑を選んだ市民裁判員に向けられたものではないことが分かります。

ならば、誰に向けて発信されたメッセージなのか。

それは、誰あろう、裁判員裁判にかかわったプロの裁判官なのです。

裁判員裁判は、市民6人に加えて、プロの裁判官3人も加わる「混合」裁判。千葉裁判官は、これらプロに狙いを定めて、補足意見という体裁を取りながら、苦言を呈しているのですね。

具体的に原文から引っ張ってみましょう。

千葉裁判官は補足意見のなかで、プロの裁判官に向かって、このように釘を刺しています。

「裁判官に求められるのは、裁判例の集積の中からうかがわれる考慮要素(永山基準のこと)に与えられた重みの程度や根拠についての『検討結果』を、具体的な事件の量刑を決める際の前提となる『共通認識』とし、それを出発点として評議を進めること」、

それは言い換えれば、

「裁判例の集積に見いだされる、『量刑判断の本質』を共通認識とした上で評議を進めること」

だと言葉を重ねます。

そして、

「この前提があってこそ初めて、いわゆる健全な市民感覚が生かされる」

と念押ししました。

そう、実はこの部分が本丸なのです。ここに千葉勝美裁判官の本音がギュッと凝縮されているのです。

言葉遣いが高尚で少々わかりにくいかもしれませんので、この意味するところをザックリ代弁してみましょう。

裁判員裁判の判決をひっくり返すことになったのは、市民が的外れなのではなくて、もっと別のところ（もっと根本的な部分）に問題があったんじゃないの？　アマチュア裁判員が死刑について、裁判で必要な知識を持っていないのは、無理もないこと。でも、そこをアマチュアにも分かりやすく説明するのがプロフェッショナルの役目でしょ。今回の場合、量刑の出発点となる『モノサシの統一』がうまくいっていなかったんじゃないの？

——という感じでしょうか。

死刑という結論を出した市民を批判しているのではなく、プロの裁判官に矛先を向けているのですね。すなわち、市民が考えるにあたっての土台となる要素を、きちんと説明しきれなかった後輩たちへのダメ出し。

「悪いのは市民（裁判員）じゃない、プロの裁判官だ！」という、同業者へのお叱りのメッセージだったというわけです。この個別意見には、裁判員裁判のあり方についての千葉裁判官らしい考えがにじみ出ているといえるかもしれません。

何度も繰り返していますが、最高裁は法律審。

実は裁かれるのは当事者双方のみではなく、1、2審で判決を出した裁判官たちだともいえるのです。

「裁判を裁く」なんて言われ方もしますが、下級審に対し、あなたたちはしっかり裁判しましたか？と裁きを下すのも、最高裁のしごと。最高裁は、そんなお目付け役も担っているのですね。

裁判官のトラの巻？　量刑のヒント集

ところで、そもそも刑罰とはどのようなものなのでしょうか。これまで立ち入った説明を省いて話を進めてきましたので、ここであらためてまとめたいと思います。

刑法では罪刑法定主義に基づいて、たとえば傷害致死罪だったら懲役3年以上〜有期懲役、殺人罪だったら懲役5年以上〜死刑といったように、おかした罪に応じて、刑の上限と下限が決まっています。これを法定刑というのでしたね。

ところが実際の事件をひとつひとつ見てみると、殺人でも懲役7年だったり、無期懲役だったり、死刑だったりと、出される判決はバラバラ。刑罰は、法定刑の範囲のなかで、裁判を担当する人物、すなわち裁判官の裁量によって決められるのです。

すでに何度か出てきた言葉ですが、このように、どれぐらいの刑を科すのが相当なのかを裁判官が決める作業を、**量刑**といいます。適当な刑をはかることですね。

この量刑が、裁判官の個性によって著しく差が出るようであれば、被害者、加害者(被告)、どちらの立場にとっても不公平感が出てしまいます。

日本の刑法はそもそも法定刑の幅が広いといわれていますので、それだけ判断の余地が大きいことになりますが、そこにはやっぱり、ある程度の公平さが求められます。

だからこそプロの裁判官は、自らの過去の裁判経験や、同種事件の先例などを拠《よ》りどころにして、公平性を確保しているのです。

こうしてバランスよく量刑を決めていくにあたって、おおよその指標となるのが**量刑相場**。

量刑相場とは、量刑を考えるさいの〝土俵〟のようなものとイメージしてください。まず、事件ひとつひとつを要素に分解してパターン認識し、さらに当該事件に特有の事情があれば、それを加味する。そのうえで、どのぐらいの量刑がふさわしいかという、おおよその相場です。

この量刑相場があるからこそ、日本全国どこの裁判所で、どの裁判官に審理されても、国民は公平な裁判を受けられるとされているのです。

でも、ちょっと待ってください。

プロの裁判官は経験の蓄積からそういった相場観がはぐくまれるとしても、一般市民である裁判員は、そうした感覚を持ち合わせているわけではありませんから、判断にひどいバラつきが出ることもありえますよね。ややもすると、これまでの相場からかけ離れたイレギュラーな判決が生まれてしまう可能性もあります。

そこで最高裁の付属機関は、2012年、量刑のヒント集をまとめました。

司法研修所というところが出した、「裁判員裁判における量刑評議の在り方について」という研究報告がそれです。この報告は、一般の市民を交えた裁判において、量刑についてどう議論すべきか、というテーマを取り上げています。

司法研修所とは、裁判所法で最高裁に設置された研修機関。最高裁の司法行政面での役割を担っていて、裁判官に研修をほどこしたり、専門性の高い分野での裁判の方法などについて、研究・報告をまとめたりしています。

ここが出す研究や報告は、その分野に詳しい大学教授や、経験豊富な第一線の裁判官が中心となって作成されたものが大半です。裁判官にとって、事例についての考え方の土台をつくるもの、いわばマニュアル的な存在なのですね。

（ただし裁判官一人一人には、**裁判官の独立**が保障されています。報告書のはしがきを見ると、マニュアルとして用いられることを意図したものではなく、〝理解を深めるためのヒント〟であるとされていますが……。いずれにせよ、裁判官が実務にあたる際に、考える手引きとなるものです。）

統計でわかる被害者の数と死刑

裁判員裁判における量刑をテーマにした、2012年の研究報告。

そのなかに、殺人事件で死刑の可否が評議される場合にはどう考えればいいのか、という章

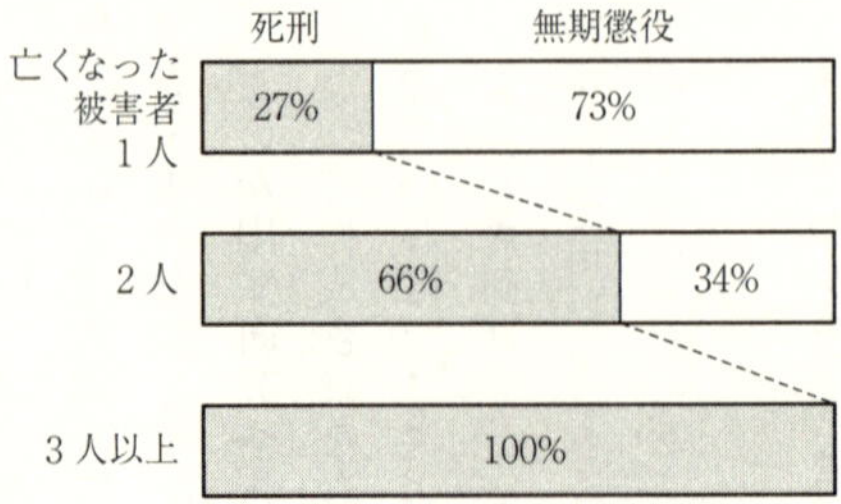

があります。まさに今回の事案にぴったりですね。詳しくたどってみましょう。

報告は、１９８０年から２００９年までの30年間に、死刑もしくは無期懲役が確定した強盗殺人事件１７２件のデータを示しています。そして、統計データを分析した結果、死刑の最も大きな決め手となっているのは、「亡くなった被害者の数」だと結論づけるのです。

亡くなった被害者の数を軸としたデータを見ると、

・被害者が１人の場合
死刑14人（27％）、無期懲役38人（73％）
・被害者が２人の場合
死刑65人（66％）、無期懲役34人（34％）
・被害者が３人以上の場合

死刑21人（１００％）

となっているのですね。

被害者の人数が１人だったら死刑は３割未満。それが２人だと一気に６割を超え、３人だったら全員が死刑です。亡くなった被害者の人数が増えるにしたがって、死刑判決も増えています。

松戸の女子大生殺害事件では、亡くなった被害者は１人。１審では死刑判決が出たものの、最終的には無期懲役へとひっくり返ったのでしたね。右のデータが示す傾向の通りに落ち着いたといえます。

とはいえ、亡くなった被害者が１人のケースでも、死刑となった被告がいないわけではありません。52人中14人は死刑が確定しているのです。

では、被害者が１人の場合の、死刑と無期懲役の境目はどこにあるのでしょうか。

研究はこの点についても、突っ込んだ切り込みをみせています。

死刑判決を受けた14人の内訳は、

「無期懲役の前科があり、仮釈放中にまた1人を殺した」――が5人。

「別の事件で死刑が確定していた」――が1人。

「犯行当初から被害者を殺害することを計画していた」――が8人。

そしてたたみかけるように、

「被害者1人の強盗殺人では、当初から殺害を計画していなかった場合、死刑が選択された事例はない」。きっぱりと、そう断言しています。


最高裁の付属機関である司法研修所の報告と、千葉勝美裁判官が発した、同業者にお灸をすえるかのような補足意見。ふたつを重ね合わせると、何となく最高裁の思いが浮かび上がってきませんか。

量刑を決めるさいの前提となる、共通認識《モノサシ》の大切さ。

一般の市民全員に、永山基準を知っておけとか無茶を言っているのではありません。ただ、裁判員裁判はプロと市民との「協働」ですから、評議を進める下準備として、まずはこうした土台の共有が必須だということなのでしょう。

＊　＊　＊

12年のこの報告書に加え、同年、最高裁による死刑判決破棄の決定が出たことで、今後の裁判員裁判の礎ができました。判決ではなく、たとえ決定であっても、最高裁の判断というのは鶴の一声。その後の下級審に大きな影響を与えるのです。

実際、この決定から4か月後のこと——。

僕が取材した関東地方のとある地裁。強盗殺人事件の裁判員裁判での一コマです。

被告の若い男が、法廷で裁判員や裁判官に向かって「俺を死刑にしろ！　そうしなけりゃ、また人を殺すぜ！」などと何度も叫び続けた場面がありました。いわゆる通り魔的な犯行で、被害者には何の落ち度もない事件でした。

裁判長が再三にわたり、男に反省の言葉をうながしても、「俺を殺してくれ」と繰り返すばかり。

傍聴席は凍りつきましたが、それでも地裁が出した判決は無期懲役でした。

それもそのはず。被害者が1人で、犯行当初に殺害の計画性がなかった事件だったのですね。

公平と市民感覚のあいだで　彼女が生きた場所をたずねて

最高裁の決定が出たその後——。

僕は21歳の女子大生が命を落とした現場を訪ねました。

都心から少し離れたベッドタウン。季節は春先。桜の花が開き、よく晴れた日でした。周囲に建ち並ぶアパートやマンションのベランダに干された布団が、やわらかな日差しを浴びていました。どこからか、子どもたちの戯れる声も聞こえてきます。

彼女が住んでいたオートロックのマンションは、大学の目の前でした。

事件が起きた建物から続く、ゆるやかな短い坂道。のどかな陽気に誘われてそのままキャンパスに足を踏み入れると、学生たちがおしゃべりに興じて白い歯をこぼしていました。

マンションの西側には常磐線が通っていて、数分おきに電車が行き交います。

南には国道6号が走り、車の往来もとぎれることがありません。

そして、その国道を挟んだ向かいには、松戸警察署がありました。現場は、警察署の目と鼻の先だったのです。

空疎や殺伐とはほど遠い、人の息遣いが感じられる場所。そんな場所で、彼女が生きてきた世界が理不尽に壊されました。

彼女が住んでいたのは、２階の角部屋でした。竪山被告は部屋から張り出したベランダによじ登って室内に侵入し、彼女の帰宅を待ち伏せし、凶行に及んでいます。

彼女の両親は、１審から最高裁まで、一貫して死刑を求め続けていました。彼女は性犯罪事件としての立件こそされていませんが、裸にされており、あげく火を放たれています。

「泣き叫ぶというよりも、涙が出ないくらい怒りを覚えます」

上告が棄却された後、母親は血を吐くような言葉をぶちまけました。

「娘は殺されて、裸にされて、燃やされたんです。過去の裁判と量刑が全く変わらないのなら、いったい何のための裁判員裁判なんですか。加害者も一人一人違って、被害者が受けた被害だって、それぞれ違うんですよ。『公平』はプロの裁判官に都合の良い、言葉のまやかしじゃないですか」

遺族の問いかけには、非常に重いものがあります。

今回、最高裁が支持した無期懲役の判決。

先例と相談しながら裁判をしていくなら、結局はプロがやっている今まで通りの裁判と変わらないのではないか——というのは、裁判員裁判が抱える、いわば根源的なジレンマです。プロと市民との協働。それを言葉の世界だけに終わらせず、どう真摯《しんし》な深い議論へとつなげるのか。

最高裁の死刑破棄の決定を経て、プロの裁判官の力量がよりいっそう問われることになったのは間違いありません。

【コラム】

最高裁の黒子　調査官

最高裁に上告などで上がってくる事件は、じつに年間1万1000件〜1万2000件もあります。最高裁の裁判官は15人ですから、単純に1人あたり700件以上もの事件を処理する計算になります。いくら優秀な人材をそろえているとはいえ、さすがに負担も重すぎるし、能力も追いつかないとは思いませんか。次から次へと怒濤のように押し寄せてくる案件を、最高裁はどうやって15人でさばいているのでしょうか。

この章で千葉勝美裁判官を紹介するにあたって、少しだけ触れましたが、最高裁の裁判官の影には、いつも黒子のように彼らをサポートしている存在がいます。「調査官」と呼ばれる人たちです。

裁判所法では、仕事の一部をこの調査官に割り当てることが認められていて、上告されて上がってくる事件を、最高裁の裁判官が効率よく審理できるように、先に調査官が下準備をしているのです。

この調査官も、実はプロの裁判官です。裁判経験が15〜20年ぐらいの熟練の裁判官から選りすぐる形で選ばれていて、刑事・民事・行政の3つの専門分野に分かれて、総勢40人ほどの調査官が在籍しています。その筋のスペシャリストをそろえているのですね。

事件が上がってくると、一つ一つの事件に担当の調査官が付きます。事件を受け持った調査官は、1、2審の裁判記録や上告理由書に目を通して、論点を整理したり、過去に同じテーマを扱った判例を調べたりなどして、最高裁の裁判官に報告します。

「この裁判は、ここがポイントですよ！」とテーマを抽出して「調査官報告書」としてまとめ、裁判官に提出するのですね。その報告書はけっこう立ち入った内容で、ともすれば結論をリードしているのでは？　ともいわれています。

たとえば、小法廷の裁判官が評議室で集まって評議する「審議事件」なのか、あるいはそこまでする必要はなく、書類に目を通すだけの「持ち回り事件」（三下り半の決定で十分な事件）なのか、といったことについても、調査官の意見が添えられているのです。

要は、裁判官が上告事件を処理するうえで、調査官がそこまで下ごしらえをすませているのですね。

＊　＊　＊

こうした調査官制度。非常に効率的な制度で、専門的な知識も提供されることから議論が深まるとして、〝縁の下の力持ち〟として高く評価する人もいます。一方で、裁判官の目をだまくらかす〝影の裁判官〟として最高裁を牛耳っているとか、結局は先例重視の判断が増えてしまうとして、批判する人もいます。

過去に最高裁の裁判官をつとめた方のなかには、退職後に回顧録を出版する人も多いのですが、読んでみると、調査官についてはそのとらえ方もさまざま。深入りはしませんが、このあたりは人によって評価が分かれるところなのでしょう。

ただ、最高裁の裁判官とて全能ではありません。最高裁の前身にあたる戦前の大審院では、裁判官は45人もいました。それが今やたったの15人。しかも訴訟の件数は膨大に増えているのですから、最高裁裁判官だけではマンパワーは足りていません。

ちなみに、調査官を束ねるトップを首席調査官といいます。千葉勝美・元首席調査官まで過去7代続けて、最高裁の裁判官にまで上り詰めました。表には出ない事務方のようであっても、裁判官のなかのエリート中のエリートではあるのですね。

第４章　求刑超えに「待った」をかけた最高裁
——アマチュア市民とプロ裁判官をつなぐ最終審——

発達障害の被告は長く刑務所に収容した方がいい　型破りの裁判員裁判

前章でも紹介したように、２００９年からスタートした裁判員制度は、これまでプロの裁判官のみで築き上げられていた司法の世界の扉を、市民にも開きました。それは、僕たちの日常感覚や常識を、裁判にも取り入れることを目的としたものでした。

法律のプロではあるけれど世知には疎い裁判官と、シロウトではあるけれど目線が低くて健全な生活感のある裁判員。そのふたつの視点が絶妙に調和することで、より納得できる解決を導き出すのが、裁判員制度の理想です。

ただ、現実とはえてして理想の上をまたいで超えてしまうもの。

この制度が導入されてから3年後のこと。大阪地裁のある判決が、旧来の法曹関係者に衝撃を与えました。プロ集団だけによる今までの裁判ではありえない判決が、裁判員裁判で出されたのです。

ことの起こりは、大阪市平野区で起きた殺人事件。

2012年7月、姉を殺したとして殺人罪に問われた無職の被告(当時41歳)の裁判でした。5歳違いの姉を殺害した男は、小学校5年のときから不登校になり、中学校にも通わず約30年間も引きこもった末に、罪を犯しました。男は自分が引きこもりになったのは姉のせいだと一方的に思い込み、男の自宅を訪れた姉を包丁で刺し殺したのです。

犯行は身勝手極まりないもので、動機も理不尽。亡くなった女性には何の落ち度もありませんでした。

なぜ、男はこんな事件を起こしたのか。

理由の一つとしてスポットが当てられたのは、男が抱えていたある障害です。大阪地検は「男は発達障害を抱えていて、社会的なコミュニケーションが苦手」だと判断したのです。

少し横道にそれますが、被告に精神的な疾患の疑いが生じた場合、検察が医師に精神鑑定を依頼することがままあります。刑事責任能力があるかどうかを見極めるためです。たとえば、精神障害などによってコトの善悪が全くわからない場合は、「心神喪失」として刑事責任能力はナシ（罪に問えない）として扱わなければいけません。かりに心神喪失でなくても、善悪を識別する能力が著しく減退している場合は、「心神耗弱」として刑事責任能力が軽減され、量刑も軽くされます。

これは刑事裁判にかかわる法曹関係者なら、誰もが知っているルールです。

大阪地検は精神鑑定の結果、男は発達障害を抱えてはいるものの、ものごとの善し悪しの判断はつく（刑事責任能力がある）として、男を殺人罪で起訴していました。

そして、男に懲役16年を求刑しました。

ところが、市民が参加した裁判員裁判は、検察側の求刑を上回る懲役20年を言い渡したのです（これを俗に**求刑超え**といいます）。それだけでも「えーっ！」という話ですが、さらに法曹関係者を驚かせたのは、その量刑の理由でした。

判決は、「社会には、この発達障害に対応できる受け皿が何ら用意されていない。現状では再犯のおそれが強く、『許される限り』長期間刑務所に収容させる必要があり、そうすることが、社会秩序の維持に役立つ」と言い切ったのです。

これまでの刑事裁判のルールでは、被告が抱える障害が議論されるのは、刑事責任能力の有無を判断するためでした。要は、障害があれば、刑が軽くなる可能性が高まるわけです。ところが、この裁判員裁判の判決はまるで逆の発想。男が発達障害を抱えていることを、刑を重くする切り札にしていたのです。

判決は、男が犯行に至ったいきさつや動機には、発達障害の影響があったと認めています。しかし刑の減軽については「大きく考慮する必要はない」と切って捨て、「許される限り長期間、刑務所に収容する必要がある」としました。従来の刑事裁判の考え方とは相いれない理由で、量刑を厳しく見積もっているのです。

刑罰の本来の目的は、ひとつは犯罪を未然に防ぐこと(**一般予防**)。もうひとつは、罪を犯した人に罰を与え、一定の矯正教育をほどこすことで、再び罪を犯すことを防ごうというもの(**特別予防**)。

ところがこの判決は、社会には発達障害の男を受け入れる場所はないから、刑務所にできるだけ閉じ込めておけ、と命じているのですね。ご丁寧にも「健全な社会常識という観点からは」とまで言い添えています。

あぶないからつないでおけ、とまで読み取れてしまうこんな判決は、聞いたことがありません。

市民とプロの裁判官が協働した「健全な社会常識」。

この言葉がこんな形で使われたことに、職業裁判官はもちろん、弁護士そして被告を責める側の検察官までもが、度肝を抜かれました。

発達障害をめぐっては2005年、国が発達障害者支援法を施行し、各都道府県に支援センターができました。またちょうど、知的障害を抱えて万引きや無銭飲食、賽銭ドロを何度も繰り返す「累犯障害者」の出所後の受け皿の問題についても、地域生活定着支援センターが全都道府県に設置され、行政支援が広まった折も折でした。

「(社会に受け皿がないという)判決は、誤解に基づいている」

支援者団体や行政側からも強い反発の声が上がりました。

この裁判員裁判(1審)の判決は、2013年2月、大阪高裁(2審)で取り消されました。

プロの裁判官3人による高裁は、発達障害は量刑において、被告側に有利な（刑を軽くする）事情として考慮するべきだと、これまで通りのルールに沿って判断。

そして、男は発達障害を抱えてはいるが、出所後の生活については公的な機関が支援する意向を示しているとして、「許される限り長く刑務所に入れておくべき」という考えを否定しました。そして男に対して、改めて懲役14年を言い渡しました。

高裁の判決は最高裁でも支持され、男の刑は確定。こうして司法手続きは幕を閉じました。

ただ、この一連の裁判は、裁判そのものの本質的な課題をあぶりだしました。

それは、刑罰は誰がどういう基準で決めるのか、という問題です。

前章では、裁判員と死刑をめぐる問題について、最高裁の考え方を紹介しました。

本章では量刑について、もうすこし画角を広めにとって、掘り下げていきましょう。

法定刑と量刑　裁判官のお家芸

犯罪に手を染めた場合、どんな刑罰が科されるかは、どんな犯罪を犯したかによって決められる。第3章で紹介した**罪刑法定主義**の原則です。犯した罪に応じて、刑の重さが決まっているのでしたね。

ただ、この法定刑、実は難しい問題をはらんでもいます。

たとえば第3章のケースでは、竪山被告が起訴された罪名は、**強盗殺人罪**でした。強盗殺人罪の法定刑は「死刑」か「無期懲役」、どちらかしかありません。竪山被告の犯した罪が、死刑に相当するのかどうか。裁判員が考えなければいけない問題は、その1点に集約されていました。

たしかに極刑というシビアなテーマではありますが、最初から選択肢はふたつに絞られているため、死刑か否かという二択の考え方で対応することができました。

しかし、裁判員裁判で扱うのは強殺《ごうさつ》だけではありません。別の事件だったら、どうでしょう。たとえば殺人罪なら、法定刑は懲役5年以上～死刑です。強盗罪なら5年以上の有期懲役（原則として20年以下）、傷害罪なら15年以下の懲役、詐欺罪なら10年以下の懲役……。もちろんこれらの罪には執行猶予も含まれます。

そう考えていくと、ほかの罪の場合、法定刑の上と下との幅が、すこぶる広いのです。幅が広ければ、その裁量だって広がります。かたや殺人罪に問われた男が執行猶予付きの判決ですまされて、かたや詐欺罪の女が懲役10年の実刑を食らう、なんてことが司法の世界では実はざらにあります。一見、ソロバン勘定が合わないような感じがしますよね。

どうしてそんなことが起こるのか。

それは、プロの裁判官は罪に応じて一律に量刑を判断しているのではなく、より細やかに、個別具体的な事情を考慮に入れながら量刑を判断しているからです。

たとえば先の例でいうと、殺人罪は、高齢の男が介護疲れの果てに、自分も死ぬつもりで先に妻を殺害したとする。かたや詐欺罪の女は10万人のお年寄りから100億円をだまし取って、ぜいたく三昧していたとしましょう。こういった場合、量刑は殺人罪の男より詐欺罪の女の方が重くなることがありえます。

こうした量刑の背景には、プロの裁判官がずっと積み上げてきた、経験則的な**量刑相場**が活かされているのです。

犯行の動機は何だったのか。計画性はあったのか。どんな手口で罪を犯したのか。被害者への謝罪や弁償はしているのか……。ひとつひとつ個別の事情をみながら、どれぐらいの刑がふさわしいのか、裁判官は過去の先例と比較しながら見積もっているのです。

硬直的ではなく、より柔軟に。

このような細やかな量刑判断は、日本の司法制度の優れた一面といえるでしょう。しかしプロの裁判官の専売特許という閉じた側面もあり、なかなか部外者にはわかりにくいのですね。

しかし、裁判員裁判がはじまったことにより、もはや司法の扉は一般市民にも開かれたわけですから、「わかりにくく」「閉じた」ままではアマチュア裁判員たちは困ってしまいます。実のある協働にするために、プロの裁判官はアマチュア裁判員に、どのような手ほどきを提供できるでしょうか。

裁判員仕様のナビゲーター　最高裁の計らい

裁判員に選ばれた方たちが担う仕事は大きく２つ。まずひとつめは、被告が本当に有罪かどうかを見極めること（**有罪無罪の判断**）、そしてもうひとつが**量刑の判断**です。どちらも非常に重い責任が課される仕事なのはまちがいありません。

ただ、このうちの前者、有罪無罪の判断については、比較的とっつきやすいでしょう。「法廷に立つ被告人が真犯人なのかどうか」は、ふつうの人でも意外に日常感覚に基づいて考えることができるからです。

被告の言動に信頼を置けるか。検察側が示す証拠が信用できるか。そうした問題は、シロかクロか、あるいは「疑わしきは罰せず」という無罪推定の原則から考えても、クロと言い切れるか……という話です。プロの裁判官でも、アマチュアの裁判員でも、最終的には**心証**（裁判で感じた印象や確信）が決め手となります。


手こずるのは後者、量刑の判断です。

罪の重さという、もともと定量的に測ることができないものを数値化する作業ですから、誰もが納得できるような公式があるわけではありません。それでもプロの裁判官には、過去の経験にもとづく量刑相場がありますが、市民から選ばれた裁判員には、そんな職人的な量刑相場観もありません。たとえば殺人罪で起訴された男の量刑が、7年か8年のどちらがふさわしいか？　といった場合、死刑か無期懲役かの選択に比べると、判断の手がかりも根拠も乏しいといえるでしょう。

刑期に数量的な連続性がある場合、7年だろうが7年1か月だろうが、プロットできる点は無数にあるわけですから、裁判員の方にとっては、悩みだしたらきりがないでしょう。

①有罪か無罪かを見きわめる
やってません…
うーむ
本当かな…
ウソっぽい
日常の感覚の延長
②量刑の判断
むずかしい…
懲役5年？
6年？
量刑の相場がわからない

日本の裁判員のしごと

実際に僕が取材したかぎりでも、裁判員に選ばれた方がもっとも判断に苦しんだのは、この量刑のようでした。

裁判員裁判が終わったあと、裁判官と検察官と弁護士の法曹3者と、裁判員経験者が意見交換会を開くことがあります。メディアも傍聴が可能で、僕は約1年間で50人ほどの裁判員の声に耳を傾けました。話を聞いていると「もしかしたらこの人は無罪かもしれないと考えた」など、有罪・無罪の判断については、納得した形で結論を出せたという方が大半でした。

逆に「難しい」、「理由がわからなかった」という声が多かったのは、やはり量刑の部分です。ある男性は、「裁判員として参加した覚せい剤の密輸事件で、被告の判決が懲役5年だった。なぜ4年でなく5年なのか、理由がわからない」と述べていました。

ほかにも「有罪か無罪かの判断はできても、人の『罪の重さ』は自分では決められないと思った。裁判員制度は続けるべきだが、量刑判断はプロでないと難しいと感じた」

そう語る裁判員もいました。

有罪か無罪かという判断に比べて、量刑の議論はもともと専門性が高く、判断の根拠が日常経験とさほどリンクしないのですね。

いっぽうで、合理の世界の極みでもある最高裁は、こうした事態が生じることを、ちゃんと見越していました。そこはさすがに餅は餅屋。こんなこともあろうかと2008年4月、まもなく始まる裁判員制度の導入を前に、便利なナビゲーターを作っておいたのです。

それが「量刑検索システム」です。

量刑検索システムは、量刑相場がわからない市民の裁判員のために、過去の裁判の実績をデータベース化したもの。たとえば殺人なら殺人で、ある検索条件を入力すれば、その条件のもとでの量刑傾向を、グラフや表で一覧できるようにしたのです。

検索条件には、罪名や求刑、判決のほか、動機や計画性といった事情も盛り込まれています。たとえば殺人ひとつとっても、保険金殺人はほかの殺人よりも厳しい量刑が言い渡されていて、母親が産んだ直後の乳児を殺害したケースでは軽い量刑が言い渡される傾向がある。そういったことをクリック一つでざっと見られるようにしたのですね。

類似事件をデータベース化することで、裁判員が量刑を考えるさいの材料にしてもらおうという計らいです。

この事件だったら、懲役5年～6年が平均。そうした量刑のおおよその土俵が示されるので、裁判員でも、より具体的に考えをめぐらせることができるわけですね。

ちなみに、このように市民裁判員がプロの裁判官といっしょになって量刑まで決めるというスタイルは、日本の裁判員制度の大きな特徴でもあります。

たとえばアメリカは、職業裁判官を入れずに一般市民だけで裁判をする**陪審員制度**を導入していますが、陪審員に選ばれた市民が判断するのは、被告が有罪か無罪かを判断する事実認定の部分だけ。有罪だった場合、どの程度の量刑がのぞましいかという部分については市民はタッチせず、プロの裁判官に預けるのですね。

日本の裁判員制度は、有罪か無罪かを判断するだけでなく、なおかつ量刑までも考えるわけですから、より繊細な協働が求められるのです。

つまり、世界で唯一、日本だけが、一般市民に死刑の判断まで迫る制度設計になっているということです。そう考えると、かなり負担の重い制度だともいえますね……。

暴走か適正評価か　民意による厳罰化

ただ、データベースが用意されたからといって、すべてが首尾よく進んできたわけではありません。くだんの大阪地裁のように、従来の法曹関係者の常識から考えると、かなり型破りな判決も出ているわけです。

市民の視点を入れて、「健全な社会常識」を量刑にも反映させる。この点においては、多くのプロの裁判官にとっても異存はないはずですが、その「健全な社会常識」がもしも想定外の方向へと傾いたとき、プロの裁判官はどのような対応をとることができるでしょうか。市民の知をまるまる重んずるのか、それとも無下にするのか。

まずは、市民の視点が入ることで量刑にどんな変化をもたらしたのか。

先にそれを数字で具体的に追ってみましょう。

裁判員裁判がスタートして丸3年となった2012年5月。最高裁は、とても興味深い調査結果を世に出しました。

プロの裁判官のみによる刑事裁判の判決と、裁判員裁判によるそれとを比較して、量刑がどのような傾向を示しているかを明らかにしたのです。

最高裁は、殺人罪など8つの罪名について分析しました。

それによると、量刑検索システムが功を奏したのか、プロの裁判官のみのときと、裁判員裁判のときの判決で、とんでもなく量刑に開きが出た罪はありません。

しかし、中には、裁判員裁判の導入で量刑が重くなった罪もありました。強姦致傷、傷害致死、殺人未遂などの罪です。性犯罪や傷害致死などを市民が裁くと、プロの裁判官よりも厳罰化される傾向がみられたのですね。

それぞれについて、言い渡された量刑が最も多かったグラフの山の頂点をみていくと、このようになっています。

・強姦致傷罪
プロのみの裁判……懲役3年〜5年　72人
裁判員裁判　……懲役5年〜7年　63人

・傷害致死罪
プロのみの裁判……懲役3年〜5年　123人
裁判員裁判　……懲役5年〜7年　90人

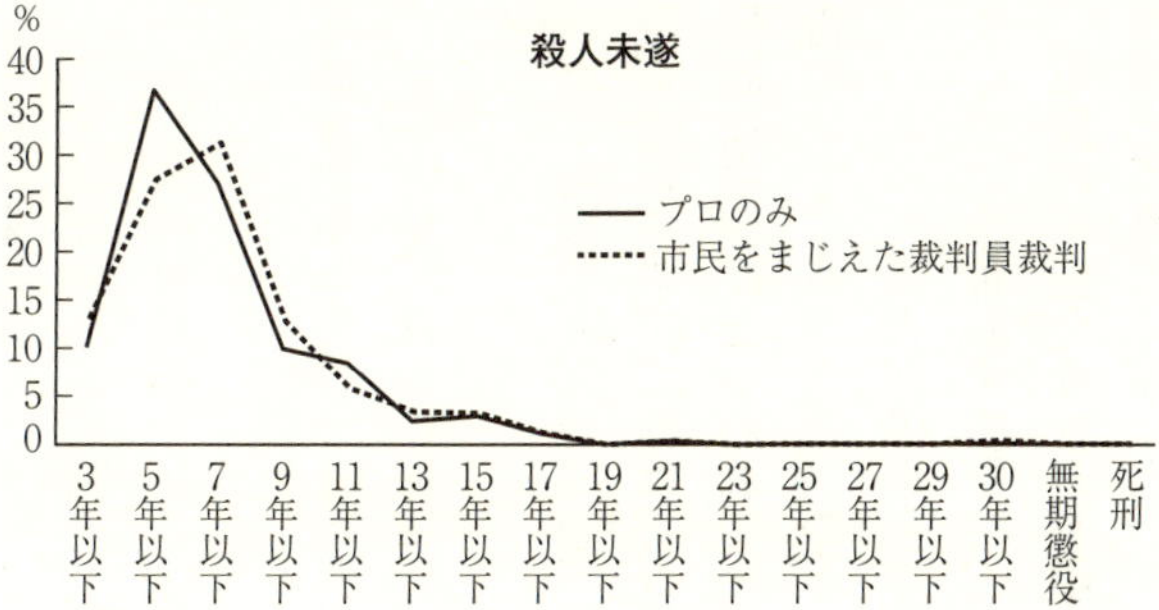

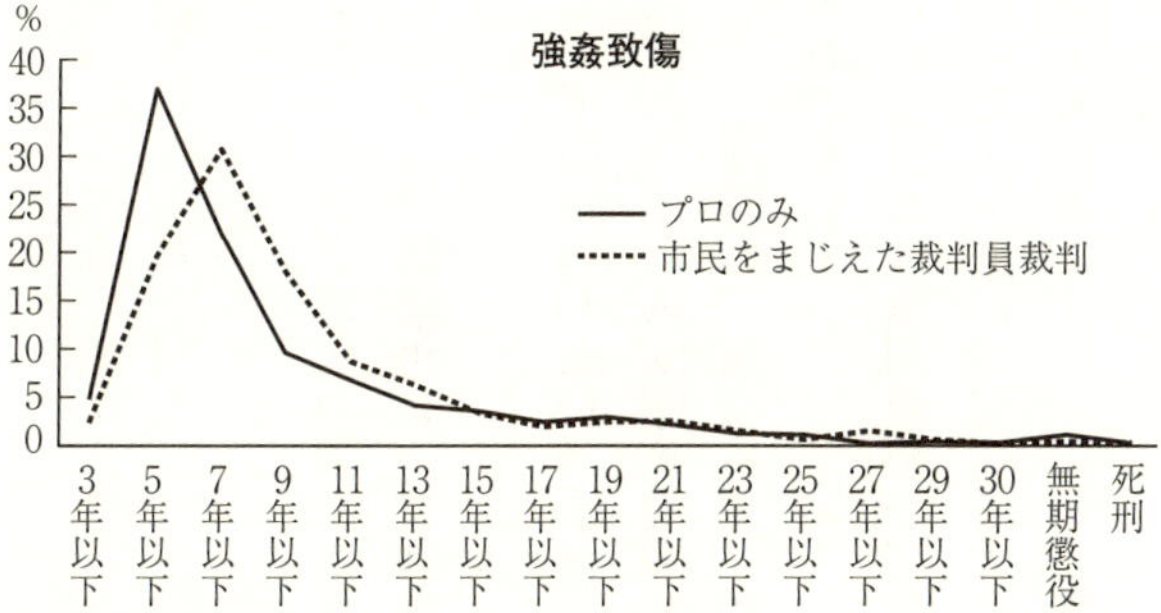

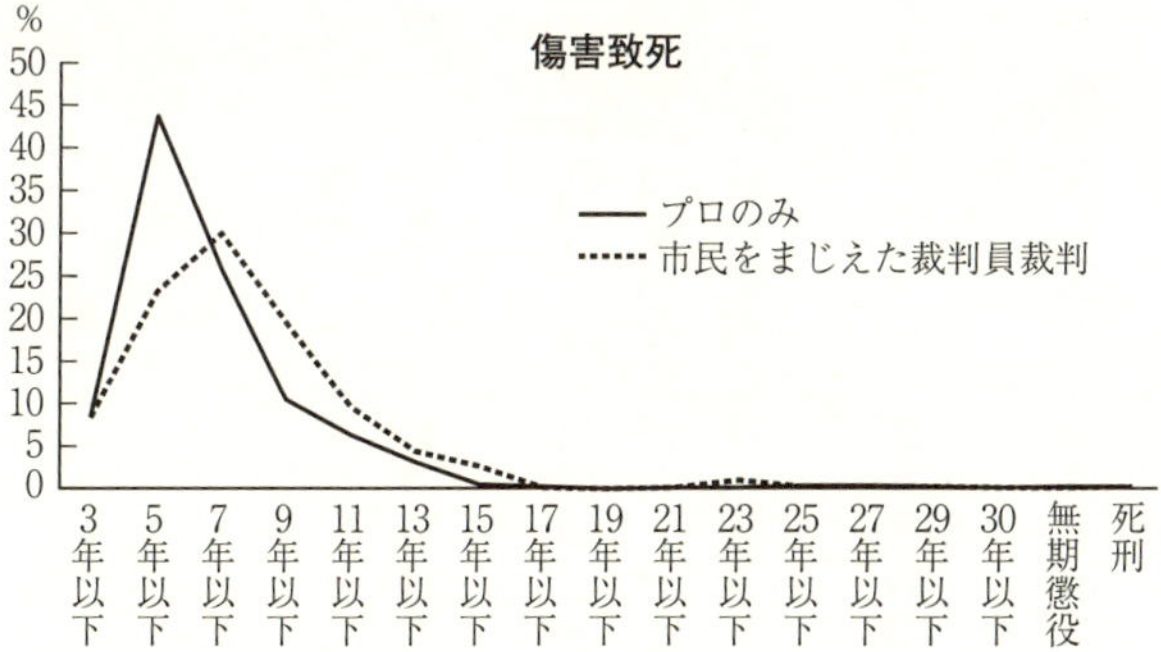

※執行猶予判決は除いています.

・殺人未遂罪
プロのみの裁判……懲役3年～5年　87人
裁判員裁判　　……懲役5年～7年　74人

ゆるやかな動きではありますが、グラフの山の頂点が重い方へと移っています。さりとて、ほかの罪についていえば、厳罰化の一方向のみにシフトしているわけではありません。

たとえば殺人罪の場合、3年以下の実刑や執行猶予が、プロの裁判官による判決のときより増えています。これは、介護に疲れきった人が家族を殺める、いわゆる「介護殺人」などが典型的な事例だといわれています。と同時に、懲役17年～19年という長い実刑を言い渡された被告の数も、裁判員裁判のときの方が増えている。

つまり、殺人罪の場合は、言い渡される量刑の幅が広がっているのですね。グラフの山をはさんで、分布のすそ野が、横方向により広がっているということです。

市民の「健全な社会常識」が入ることによって、ある罪では厳罰化の流れがみられ、また別の罪では量刑の幅に広がりをみせる――。

裁判員裁判がもたらしたこういった変化は、プロ裁判官にとって歓迎すべきものでしょうか、それとも困惑の種でしょうか。

果たして当の最高裁はどのように受け止めているのか、その声を拾ってみましょう。

高裁は事後審に徹せよ?　中《なか》2階の微妙なスタンス

折しもこの調査結果が公にされる、数か月前のこと。

2012年2月、最高裁は、ある覚せい剤密輸事件の判決にからめて、「控訴審である高裁は、原則として、裁判員裁判の判断を尊重するべき」という、初めての判断を示しました。「高裁は**事後審**に徹するべきだ」ということを強調したのですね。

さんざん出てきたように、わが国の裁判は3審制です。1、2審は事実審、3審の最高裁は法律審でしたね。では、ともに事実審である1審と2審は、どのような関係で結びついているのでしょうか。

最高裁がかつて(1971年)示した規範によると、「刑事事件の場合、控訴審(2審)は1審と同じ立場で事件を審理するのではなく、1審の判決を基礎として事後的な審査を加えるべきだ」。

つまり、1審である地裁は、逮捕され起訴された被告をゼロから審理して事実関係を整理し、量刑を決めていきますが、2審はゼロからスタートするのではなく、1審の判断をベースにして訴訟を始めるべきだということです。

要するに、2審は再度ふりだしに戻っての「やりなおし裁判」にあらず。最高裁としては、そのように枠組みを明示しているのです。

ところが、高裁(2審)の裁判官は皆、ベテラン中のベテラン。一筋縄ではいかない人ばかりです。裁判長などは、会社でいえば支社長クラスが勢ぞろい……くらいにイメージしてもいいかもしれません。「1審の若造の判決になんぞ、素直に従うものか」というお歴々がいても不思議ではありません。

それに、2審は事後審とはいいながらも、この枠組みとは別に、裁判官には「裁判官の独立」が保障されています。ですから高裁の裁判官のなかには、事後審なんてなんのその、という強者《つわもの》がときどきいます。

自分の「心証」に基づいて、新たな判断を示すなんてことが、ままあったのです。

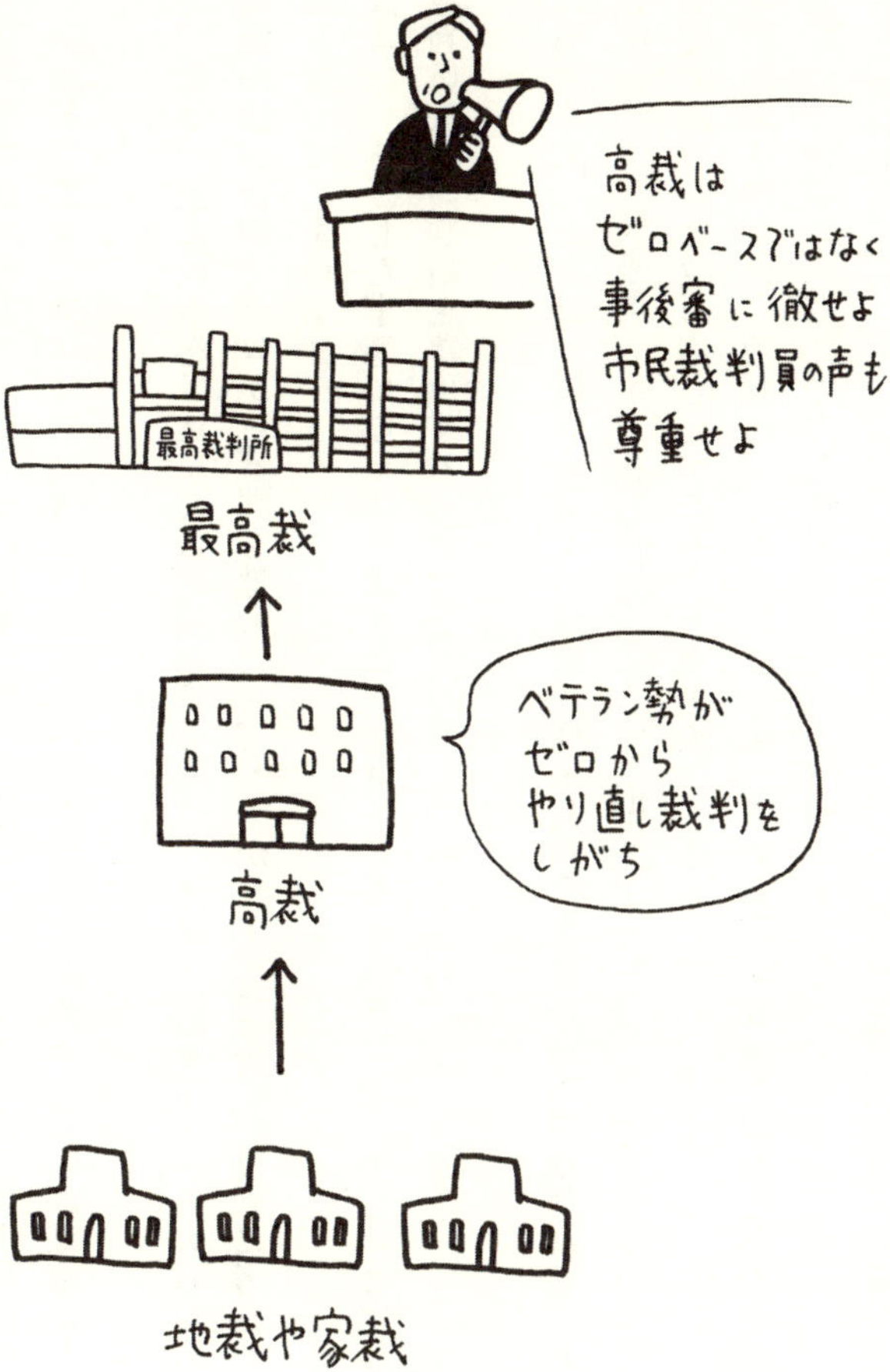

高裁は
ゼロベースではなく
事後審に徹せよ
市民裁判員の声も
尊重せよ
最高裁判所
最高裁
ベテラン勢が
ゼロから
やり直し裁判を
しがち
高裁
地裁や家裁

3審制の結びつき

裁判員制度の導入前までなら、それでもよかったでしょう。たとえ事後審の枠組みから多少外れていたとしても、プロはプロ同士、おたがいの手つきに通じあっていれば事足りるのですから。

ただ、今は一般市民も巻き込んだ裁判員裁判の時代。1審の判断をそっちのけにして、高裁の裁判官が我が物顔でゼロから審理を進めたら、せっかく1審で市民が真剣に考えた判決が、水の泡となってしまいます。

最高裁は、そうした事態にならないように、2012年の判決にからめて「2審は原則として、裁判員裁判の判断を尊重するべき」と釘を刺したのですね。

この判決を出したのは、最高裁第1小法廷。刑事裁判官出身の白木勇裁判官は、あえて補足意見も付けて、「控訴審(2審)の裁判官がみずから形成した心証を重視するような手法は、裁判員制度の施行後は改める必要がある」と声を大にしました。

さらに白木裁判官は、裁判員裁判がはじまってからの量刑が従来とは少し異なる幅を見せていることについても、あえて差し挟んで、こうフォローしました。

「(市民)裁判員の加わった裁判体が行う量刑について、許容範囲の幅を認めない判断を求めることは、裁判員に無理を強いることになる。裁判員制度では、ある程度の幅を持った量刑（や事実認定）が許容されるべきであり、その了解なしには裁判員制度が成り立たない」

高裁や最高裁のプロの裁判官は、アマチュアの代表でもある市民の裁判員の「健全な社会常識」に、きちんと重きを置くべきだ、ということですね。

最高裁が裁判員裁判の正当性をきちっと担保したといえるでしょう。

検察官vs.「健全な社会常識」　求刑超え目立つ子どもの虐待死

さて、市民裁判員の目を信じるという、最高裁の基本的なスタンスは示されました。

とはいえ、ものごとには限度があります。

つぎに紛糾したのは、程度の問題です。

最高裁は、裁判員裁判の「健全な社会常識」をどこまで受け入れ、どこまでを歓迎とするのか。

その話題が沸騰したのが、裁判員裁判になってから厳罰化の傾向がみられる**傷害致死罪**のケースでした。

傷害致死罪は、人の身体を傷つけて死なせてしまう罪ですが、法定刑は3年以上の有期懲役です。相手を殺してしまいたいとか、相手が死ぬかもしれないなどの「殺意」がない点で、**殺人罪**とはクッキリと線引きがなされます。

この傷害致死罪のなかで、プロ裁判官よりも市民裁判員のほうが量刑が重くなる、典型的なケースがあります。

それは、子どもが被害者の事件です。裁判員になる方には、子どもや孫がいる方も当然います。いたいけな子どもが親の暴力の犠牲になるのは、やはりしのびない。胸にせまり、「市民感情」が反映しやすいパターンといえるのかもしれません。

最初に触れたように、プロの裁判官による裁判では、量刑が、検察官の求刑を上回ること(求刑超え)は滅多にありません。最高裁の調べによると、裁判員制度導入前の1年間、殺人や傷害致死などの主要な8罪の判決において、求刑超えはたったの0・1%。

1000件に1件のレベルでした。

ところが、裁判員裁判になると、同じ8罪で1・0%まで急増したのです。100件に1件。割合でいうと10倍も増えたのですね。そして、その8罪のなかでも、最も上回っていたのが、傷害致死罪でした。

最高裁はすでに、「裁判員の判断を尊重すべき」とのスタンスを示しています。しかし問題は、果たしてどこまで受け入れるのか。極端に相場からかけはなれた判決が出ても、法律審たる最高裁は、手をこまねいて傍観するしかないのでしょうか。

2012年3月、大阪府で起きた、ある虐待死事件が世間の話題をさらいました。

1歳10か月の娘を死なせた両親に対し、検察官は**傷害致死罪**として懲役10年を求刑。ところが裁判員裁判は、それをはるかに超える懲役15年の判決を言い渡したのです。

検察官の求刑が10年ですから、7がけ、8がけの理屈から考えると、7年〜8年が妥当な相場でしょう（コラム参照）。

しかし、裁判員裁判で出されたのは、相場の1・5倍もの判決。

プロの裁判官時代ではありえない、仰天の量刑でした。

裁判員たちは、どのような判断で、この判決に至ったのか。

物議を醸した虐待死事件をたどりつつ、最高裁の対応までを追っていきましょう。

【コラム】

量刑は何年? 新聞記者のヤマの張りかた

ヤボな話をひとつ。

門外漢には、罪に応じた罰の見当がつかない。そんな職人的な世界に飛び込んでも、新聞記者は1年目の駆け出しから、判決のヤマを張らなければなりません。

ヒヨっ子だろうとベテランだろうと、記者にとって裁判は、事前準備がすべて。初公判、冒頭陳述、論告、弁論と裁判の流れを傍聴席でいそがしく追いながら、新聞記者は競馬の予想屋よろしく量刑の見積もりをしているのです。

そんなとき、実は新聞記者は、裁判体がどんな量刑を言い渡すのかを見極める一つの目安を持っています。

検察官が裁判で述べる求刑です。

刑事裁判では、検察がどんな証拠に基づいて被告が犯人であると判断したのか、「冒頭陳述」や「証拠調べ」で立証。被告にどれぐらいの刑がふさわしいか意見を述べます。これがいわゆる「求刑」です。

この求刑は、あくまでも検察の意見にすぎません。

量刑を決めるのは裁判体の専権事項ですから、裁判体がこの求刑に縛られる必要はありません。ですが、一方で検察は検察で「公益の代表者」でもあるわけです。法務省という国の特別機関でもあるこの組織には、過去のデータの蓄積がありますから、そうした実績をもとに、検察は個別の事件ひとつひとつに異なった求刑をしてきます。そのことを知っておくと、裁判に詳しくない新人記者でも、判決を当て推量できるわけです。たとえば実刑の場合、検察官の求刑から7がけ、8がけが相場とみるのが、新聞記者の常識です。

たとえば殺人事件で検察側が懲役10年を求刑したら、判決は懲役7年〜8年。懲役8年を求刑したら、懲役5年7か月〜6年5か月。裁判取材をする記者は、検察側の求刑をみて、裁判官が示す量刑にざっくりと当たりをつけるのですね。

そして、判決が7がけ8がけを上回ったら従来のケースより重い判決、下回ったら軽い判決と判断するのです。7がけ8がけよりも極端に開きがある判決が出た場合、たとえば半分以下だったりする場合、新聞記事では「異例の判決」と見出しをつけようなどとイメージしています。

量刑をめぐっては、国の機関である検察の求刑がひとつのメルクマールになるのですね。

親の児童虐待は殺人か　寝屋川市虐待死事件

事件は２０１０年３月７日、大阪府高槻市の病院で、１歳10カ月の赤ん坊が急性硬膜下血腫を発症して死亡したことから始まりました。

さかのぼること１か月半前。この女の子の赤ん坊は意識不明の状態で、救急車で病院に運ばれてきました。唇にはやけどの跡。ほおや額にも傷がみられ、太もものあざなど、全身けがだらけでした。下あごを骨折していたのにもかかわらず、口のなかには、コンビニで売られている「ラザニアまん」が、ほとんど噛んだ跡がない状態で詰まっていました。

搬送されてきたときの女の子の身長は、72㎝。体重は６・２㎏。体はやせ細り、同年齢の標準身長より10㎝も低く、体重の差も３㎏以上ありました。

栄養状態の悪さが招く発育の遅れと、体中にみられる傷やあざ。日常的な幼児虐待が疑われる、典型的なケースでした。

大阪府警は、女の子が死亡した１か月後の２０１０年４月、大阪府寝屋川市のマンションに住む父親（26歳）と母親（27歳）を傷害致死容疑で逮捕しました。

両親はともに捜査段階から容疑を全面否認。父親は「しつけのため、これまでに50回〜100回たたいたが、虐待ではないし、急性硬膜下血腫ができた原因も、自分たちの暴力ではない」と強く否認していたといいます。

しかし、その後の大阪地裁の裁判員裁判の判決によると、やはり本件は、両親による虐待死事件でした。

父親は2010年1月27日の午前0時ごろ、自宅マンションで娘の顔面を右手でビンタ。バランスを崩した娘はフローリングの床に頭を打ち付けていました。その衝撃で娘は急性硬膜下血腫を引き起こし、意識不明の重体のまま病院に運ばれ、女の子は回復することなく3月に息を引き取ったのです。

母親も日常的に虐待をしており、この日の暴行の共犯とされました。

女の子の死は両親の暴行が原因——。この認定については、法曹関係者の異論も出ませんでした。プロでも素人でも、事実の認定については違いはなかったのですね。

ただ、問題は量刑です。検察官の求刑は懲役10年だったのに、その1・5倍に相当する懲役

15年の量刑には、プロ側がうなってしまいました。

無理もありません。近年の殺人罪でも、量刑は懲役12～13年が平均ですから、それさえも上回っていたのです。プロの常識からは考えられない、重い罰でした。

なぜ量刑が求刑を大幅に上回ったのか。

判決をのぞくと、「量刑の事情」として、児童虐待、特に幼児虐待の特殊性を訴えていることがわかります。それを読むと、今回の事件の話に具体的に切り込む前に、まず「児童虐待」、とりわけ「幼児虐待」という一般的なテーマについて、足を踏み入れているのですね。

判決はまず、幼児虐待について、「親が幼児に理不尽な虐待を繰り返した場合、幼児は逃げられないまま肉体的にも精神的にも苦痛を甘受しつづけなければならず、幼児の心身の成長や人格形成に重大な影響を及ぼすことが懸念される。程度によっては生命の安全までも脅かされることになる」と指摘します。だからこそ「幼児虐待は、親への極めて厳しい非難を免れない」と整理しました。

そのように下地をととのえたうえで、今回の虐待死事件について切り込み、「殺人罪と傷害致死罪との境界線に近い」と言い切りました。

傷害致死罪は、人を殺す故意、つまり「殺意」がないという点で**殺人罪**とはクッキリと線引きされるのが本来ですから、こうしたいいぶりは、プロの裁判官ではあまり見られません。

さらに判決は、「両親に不利益なものとして相応に考慮した事情」という項目をもうけて、

・裁判で罪を認めないばかりか、不合理な弁解に終始し、罪と向き合わない
・刑事責任を逃れるため、年の近い女の子の姉に暴行の理由をなすりつけようとした
・生活保護を受けるなど、二人とも堕落的な生活を送っていた

――と両親を厳しく指弾しました。

そのうえ、判決は検察側の求刑についても、容赦なくツッコミを入れたのです。

「検察官の求刑は、犯行の背景として長期間にわたった幼児虐待の悪質性と、責任を別の娘になすりつけるような態度の問題性を十分に評価していない」

懲役10年の求刑じゃ甘すぎる、そう言っているのですね。

被告を厳しく追及する役である検察官にとって、求刑への「満額回答」が１００点満点なの

ですが、こんな感じで求刑を上回ってしまうと、もう贔屓《ひいき》の引き倒しというのを超えて、メンツ丸つぶれ。

判決はこの調子で、舌鋒鋭く続きます。

検察官の求刑に矛先を向けたあとは、返す刀で、裁判所に向かってこう切り捨てました。

「同種事件の量刑傾向といっても、裁判所のデータベースに登録された数は限られているうえ、量刑を決めるにあたって考慮した要素をすべて把握することは困難だから、判断の妥当性を検証できない。今回の事件との比較を正確に行うことは難しい」

裁判員にとってアンチョコ的なツールとして頼りにされるはずだった量刑検索システム、その意義についても否定したのですね。

ただ単に求刑超えというだけでなく、検察も裁判所もバッサリと袈裟斬りしていく、この大胆な判決。

であるからして……と、思い切った結論づけへと向かいます。

「改正児童虐待防止法などからもうかがえるように、子供の生命尊重の要求の高まりを含む社会情勢を考えると、児童虐待については今まで以上に厳しい罰を科すことが、時代にマッチしている」

最高裁が「原則として尊重するべき」とした裁判員裁判の判断。

この事件は控訴されて、大阪高裁でも審理されましたが、量刑は変わりませんでした。

そう、高裁は「事後審に徹した」のですね。

ただ、相場から大きく離れた量刑を言い渡された両親は納得せず、最高裁に上告しました。

検察官の求刑を大幅に超え、傷害致死事件を殺人事件並みに重く扱ったこの判決。

果たして最高裁は、それでもなお「健全な社会常識」として受け止めるのでしょうか。

殺人と傷害致死の境界線　プロと市民の思いをたずねて

最高裁の判決が出る1か月ほど前。

僕は今回の事件の弁護士を大阪に訪ねました。

父親と母親、それぞれに弁護士がついていたのですが、両氏とも刑事事件にまじめに取り組んでいる地元の勤勉な弁護士で、ていねいな応対をしてくれました。

1審の判決に、双方とも強い衝撃を受けていました。

母親の弁護士は、この判決を聞いたとき「驚きすぎて、言葉も出なかった」と振り返りました。とくに印象に残ったのは、裁判員が法廷で両親に向かって聞いた「児童虐待について、どう思うか」という抽象的な質問。「日常的な児童虐待と、今回の傷害致死は、裁判上では切り離された話。感情論になってしまったんだろうか」と疑問がよぎったと言います。

父親の弁護士も「プロの裁判官だったら、10人中10人がこんな判決は出さない」と強い口調で訴えました。さらにこの弁護士は、こんな疑問を僕に投げかけました。

「裁判員が市民の声を代表するといいますが、そもそもたまたま選ばれたわずか6人の裁判員が、市民を代表した声といえるのですか」

裁判員裁判の本質を突いた問いでした。

かといって、一方の裁判員も、この懲役15年という量刑について、生半可な気持ちで決めたわけではありません。真剣に考えて結論を出しているのです。

ある裁判員は判決後、「子どもが死んだ場合、多くの場合は殺人として扱われない。密室の行為であるがために、殺意の有無などわからず、傷害致死とされている。殺人罪と傷害致死罪の差、ここに一番悩んだ」と吐露しました。

大阪地裁では、ちょうどこの判決の５日前、おなじく子どもが犠牲になった別の事件の判決がありました。

３歳の長女と１歳の長男をマンションに閉じ込めて餓死させたとして、20代の母親が殺人罪に問われた事件です。その判決で、母親は懲役30年（求刑は無期懲役）という大変に厳しい刑を言い渡されていました。

子どもを餓死させて殺人罪で懲役30年を言い渡された母親と、虐待死させた今回の事件の両親とでは量刑が倍も違いました。もちろん、問われる罪が殺人と傷害致死で異なったり、亡くなった子供の人数も違ったり……と事情はそれぞれなのですが。

でも実際、どれぐらいの差があれば適当なのでしょう。考え出すと、簡単なようで難しい――最高裁の判断が待たれました。

最高裁の奥の手　「著しく正義に反する」場合

さてこの本を通じて、最高裁が上告を受理する主な理由は、憲法違反、判例違反、法令解釈の誤りに限られていると何度も触れてきましたね。その理由は、最高裁が事実認定をする事実審ではなく、法律の解釈をもっぱらとする法律審だからでした。

ただ、そうすると今回の虐待死事件のように、憲法違反や判例違反などに該当しない事件が上告された場合、最高裁は手も足も出なくなってしまいます。

しかし、何かそれでは司法のトップとして画竜点睛を欠くというか、今一歩の詰めが足りない気がしませんか？

たしかに、地裁で市民が判断した結果について、高裁ではプロの裁判官が審理をしていますから、事実の認定や量刑についてもダブルチェックは働いています。

最高裁としてはそれで事足れり、自分たちは法律審という雲の上からのご託宣でいいという理屈になるのでしょうか。

いいえ、最高裁はそんな手抜かりを良しとするわけがありません。

実は法律は、万が一の場合に備えて、憲法違反でも法律違反でもない下級審の裁判でも最高裁が裁くことができるように、「奥の手」として特別の規定を設けています。

刑事訴訟法（411条）の規定です。

判決に影響を及ぼすほどの重大な事実誤認があるときや、量刑が甚だしく不当であるときなど、「判決を破棄（取り消し）しなければ著しく正義に反すると認めるときは、判決で原判決（ひ

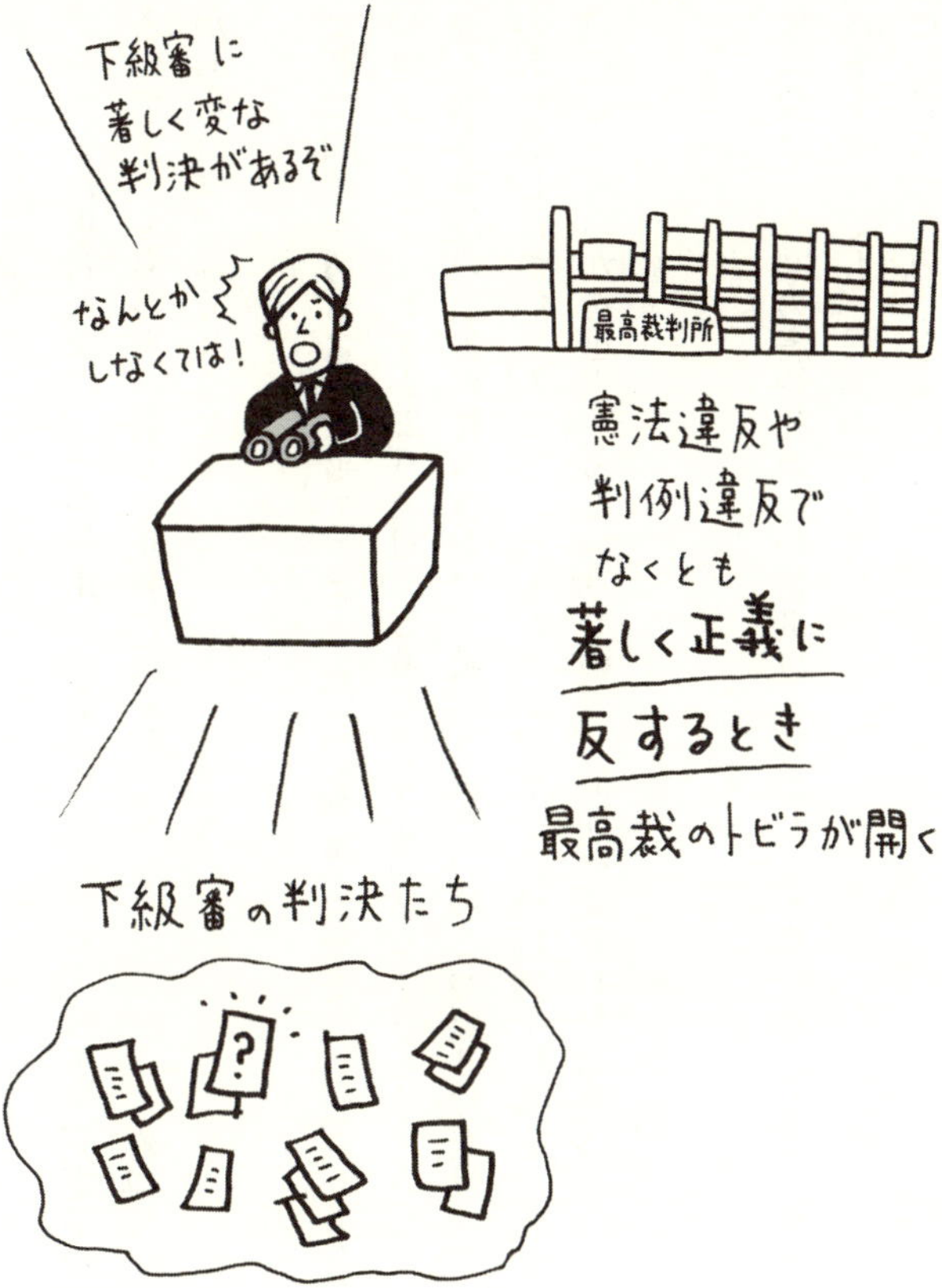
下級審に
著しく変な
判決があるぞ
なんとか
しなくては！
最高裁判所
憲法違反や
判例違反で
なくとも
著しく正義に
反するとき
最高裁のトビラが開く
下級審の判決たち

とつ前の判決のこと)を破棄することができる」。

最高裁は、そうした場合に限り、上告理由にはあたらないけれども事実認定や量刑をさわることができるのです。もちろん、著しく正義に反するとき——ですから、めったやたらにこうしたケースがあるわけではありません。

たとえば量刑に問題がある(量刑不当)として、高裁の判決が破棄された(取り消された)のは、最高裁の長い歴史のなかでわずか25件だけ。2000年から2015年までみても、約3万5000件あった刑事事件の上告事件のなかで、破棄されたのはたった2件だけです。

この25件の取り消しについてみても、ほとんどが実刑から執行猶予に落としたり、あるいは死刑と無期懲役のどちらかを選択するというもので、刑期を変更した前例はたった1件しかありません。

それでも最高裁は、今回の虐待死事件の量刑は「甚だしく不当」だとして、職権で破棄しました。最高裁史上でみても、異例の判決でした。

その理由に分け入ってみましょう。

裁判官と市民　二元論を超えて

２０１４年７月24日。最高裁は、１審の大阪地裁の判決を取り消し、改めて父親に懲役10年、母親に懲役８年を言い渡しました。

審理したのは第１小法廷。刑事訴訟法に基づいて、１、２審の量刑を取り消さなければ「著しく正義に反する」として、職権で両親２人の刑を減軽。最高裁史上２件目の刑期の変更です。減軽した理由として、最高裁はまず、「裁判例の集積」を持ち出しました。

「過去の裁判の集積は、それ自体でただちに法規範性を帯びるものではないが、量刑を決めるにあたって、『目安』とされる意義を持っている。これまでの量刑傾向を視野に入れて量刑の判断がされることは、その判断のプロセスが適切だったことを担保する重要な要素になる」

過去の裁判例と比較することによって、刑の公平性が保たれる。最高裁は「量刑検索システム」によるナビゲートの意義を再確認するかのように、改めて打ち出したのですね。

そのことを念押ししたうえで、１審の判決について、

「これまでの傾向に必ずしも同調せず、そこから踏み出した重い量刑が相当であると考えていることは明らか」だとしました。

ただ、最高裁は「だからダメ！」と安直に否定するのではありません。何度も繰り返しますが、裁判員裁判を導入すれば、これまでの判決と異なる結果が出るのは、わかっていたこと。それを頭ごなしに否定したら、「結局、プロの裁判官はシロウトの意見になんか聞く耳を持たないんだ」という話に終わってしまいます。

その点、最高裁は合理の極致。市民の知を尊重しながら、クリアに論理を運んでいくのですね。

「従来の傾向を変える意図をもって量刑判断をするのは、裁判員裁判の役割として否定されるものではない。しかしそれが是認されるためには、従来の量刑の傾向を前提とするべきではない事情の存在について、具体的に説得的に説明できなければいけない」

こうして最高裁は、従来の判断を変えるさいのハードルをきっちりと設定しておいて、それに照らすようなかたちで今回の量刑判断について、

「検察官の懲役10年の求刑を大幅に超える懲役15年の量刑判断について、具体的で説得的な根拠が示されていない」

と取り消した理由を説明したのです。

裁判員がプロの裁判官とは異なる判断をすることは、かまわない。けれどもその場合はそれ相応の、納得のいく具体的な説明が必要であるとして、市民の判断の幅が無秩序に広がることに歯止めをかけたのですね。

また、今回の裁判長をつとめたのは、はからずも白木勇裁判官でした。

先述の最高裁判決でも「裁判員制度では、ある程度の幅を持った量刑が許容されるべきであり、その了解なしには裁判員制度が成り立たない」と意見を述べた、刑事裁判のベテランです。

第1章のＤＮＡ裁判でも浪花節を披露した白木裁判長は、補足意見を加えて、こんな本音を漏らしています。

「量刑は裁判体の健全な裁量によって決められるものだが、裁判体の直感によって決めればいいのではなく、客観的な合理性のあるものでなければならない。同種の事件の量刑の傾向を考慮に入れて量刑を判断しなければ、量刑評議は合理的な指針もないままに、直感による意見交換の場になってしまう」

さらに白木裁判長は、今回市民といっしょに事件を審理したプロの裁判官に対し、イエローカードを出しました。

「今回の裁判は、裁判官と裁判員の量刑評議が、必ずしもあるべき姿に沿った形で進められていなかったのではないか。評議を適切に運営することは裁判官の重要な職責であり、裁判員裁判を担当する裁判官は、その点を改めて考えてみる必要がある」

白木裁判長の言葉からは、「プロ裁判官vs.市民裁判員」とか「裁判官の先例vs.市民感覚」といった安易な二項対立の構図に議論がころばないように、配慮した様子がうかがえます。今回の裁判は「健全な社会常識」の是非が問題の本質ではなく、「健全な社会常識」を生かす以前に、その前提となる「市民と裁判官による評議」に問題がある、と指摘しているのです。第3章に登場した千葉裁判官の補足意見と、似た論理展開だと思いませんか。不慣れながらも知恵をしぼって協働してくれた市民ではなく、プロ裁判官の方へとキツい一発をお見舞いしているのですね。

これまで示した通り、「量刑」というのは、必ずしも数字の根拠が明確なものではありません。もし、量刑を考えるさいに市民の「感覚」的な要素が入りすぎると、過去の裁判とのバランスが保てなくなる可能性は十分にあります。

裁判員制度の導入にあたって、そこまでをも良しとするのか、それでは不公平だと考えるのか。最高裁の考え方は「ノー」でした。そしてロジカルに一線を引きました。

これにより、第１審である裁判員裁判の量刑をめぐる大きな判断枠組みができたといえます。

プロと市民との協働。裁判員裁判でずっとついて回るキーワードです。

虐待死事件の判決は、量刑をめぐる１件の刑事事件にすぎませんが、最高裁がこのような判断を示したことで、今後は量刑の公平性ということが、より前面に押し出される形になるのでしょう。

こうして最高裁は判断や個別の意見を示すことを通じて、日本全国津々浦々の裁判所を取りしきる司法のコントロールタワーの役割を担ってもいます。

いつかあなたが裁判員に選ばれたとき、あなたは知らず識らずのうちに最高裁のほのかな残り香をかいでいるともいえるのです。

三権分立の一角から

ふだんの生活を送っていれば意識をすることさえなかった、最高裁という存在。

三権分立の一角を担っているというのに、そのはたらきは、悲しいほどに知られていません。「憲法の番人」「3審制の親分」「霞が関の奇岩城」「最後の砦」——。実にいろいろな二つ名(通り名)を持っていることが、最高裁の摑みどころのなさを、よく表しています。

しかし、ここまで読んでくださったみなさんは、これらの二つ名は最高裁の摑みどころのなさではなく、意外にも、最高裁のしごとの多面性をよくとらえているんだな、とも思いませんか?

僕たちが満ちたりた日常を暮らしているのであれば、最高裁の正体をみつける機会は、そうそうありません。なぜなら、ゆるぎのない幸せが生活の隅々まで行きわたっていれば、僕たちは最高裁の存在をほとんど感じることなくいられるという面もあるからです。

最高裁の押し出しが強くなるとき。

それはすなわち国の権力(立法や行政)が暴れまわっているときかもしれません。そんなときは、最高裁が持つ違憲審査の出番でしょう。

あるいは下級審で判決の足並みがそろわなかったとき。そんなときは公平をキモとする最高裁の判決や個別意見が、これからの司法のあり方を指し示します。

はたまた1審2審で正義に悖《もと》る判断が示されたとき。そんなとき最高裁は法律審という枠を飛び越えて、自らの職権で原判決を破り捨て、僕たちひとりひとりの救済に回る——。

もちろん、これらはあくまでも最高裁の機能であって、それがいつも正しくはたらいているとは限りませんが、僕たちの生活とリアルにつながっているということだけは、知っておいてください。

本書では第1〜4章の裁判を通じて、そうした最高裁のしごとを紹介してきました。

ふだんは目立たない最高裁。しかし、どんなに目立たなくとも、最高裁は平時のときも有事のときも、人知れずしゃかりきに動いているのです。

エピローグ

下世話と知的が交差する、ロジカルでウェットな最高裁絵巻――。

じっさいの裁判を下敷きにして、大摑みながらも急所をとらえながら最高裁のしくみを解き明かしてきましたが、いかがだったでしょうか。

これまで謎に包まれていた最高裁について、親しみを感じていただけましたか?

僕が最高裁の取材を通じて目にした裁判、そのひとつひとつに詰まっていたのは、市井の人たちが一日一日を実直に生きている切実な姿でした。

最高裁の独特な「しごと」に密着しながら、目の前に広がったのは俗世の縮図。

それは、通俗的であるがゆえに、虚飾や見栄えをかなぐり捨てた、むき身の現実でもあります。最高裁の裁判官は、そうした俗っぽいトラブルから、純粋に法律の問題だけを抽出し、法の解釈という高尚な切り口で解決を試みる人たちです。

最高裁を担当して間もないころ、僕は勝手に彼らのことを、ツンとすました体温のないインテリのようにイメージしていました。清濁あいまみえるシャバの世界などには興味を示さず、あいまいさからは距離を置き、法の世界という澄みきった水のみに生きる殿上人——。でも、そんな僕の先入観がいかに貧弱でステレオタイプなものだったか。本書に出てきたエピソードの数々を思い浮かべれば、よくわかるでしょう。

ひとつのテーマをめぐり、裁判官同士が激論をぶつけあったり、ほろりと人の機微にふれる意見が披露されたり……。そしてときには同業者を叱るのもご愛嬌。最高裁の裁判官たちだって、浮き世の空気をどっぷり吸い込んだ人たちなのですね。僕はまずひとつ、そうした多面的な最高裁の素顔を皆さんに知ってもらいたかった。

そして、もうひとつ意外だったこと。

この世界に飛び込んで僕が目にした最高裁の裁判官は、僕ら以上に「法に支配」された人たちでもありました。上から目線で法をあやつる神ではなく、むしろ法にかしづく忠実なしもべ。司法のトップであるからこそ、僕らよりずっと不自由な束縛のもとに身を置いているのです。

裁判官だって、黒い法服を脱げば、人の子であり、人の親。残忍な事件にあたれば胸がつぶれる思いもするでしょう。しかし裁判官である以上、情におぼれるわけにはいきませんし、己の良心のみに従うだけでは、人を裁くことを許されません。人を裁いて罰を下すという重い責務を背負っているかぎり、「法と証拠」という鎖からは逃れられないのです。

「法と証拠」に縛られながら、自らが担当する事件の利害関係を調整し、紛争にケリをつける。もちろん過去の前例とのバランスも考えながら——。

代々積み重ねられ、あらかじめ準備された枠組みのなかで判断を求められるわけですから、彼らのしごとには、つねに窮屈さと整合性がつきまといます。

そんなことを気にせずに、混沌を生きる僕らのほうは、どれほど身軽なことか。

また、こうした司法の手続きは、すべてのものごとを相対化し、合理の枠にはめ込みます。当事者にとってはどんなに悲痛で、どんなに一生を台無しにされてしまった事件でも、司法のモノサシで相対化され、合理化される。そうして司法のフィルターで濾過《ろか》されることで、事件の持つ峻烈さは弱まり、重要度は軽くなり、密度も薄まります。

ですから、取り返しのつかないものを奪われた当事者や、回復できない傷を負った被害者にとっては、とうてい納得のいかない合理的な判決に導かれることもあるでしょう。

ただ、人は裁判のみで生きるにあらず。世の中、司法の価値観だけではありません。極論してしまえば、そもそも合理的であることもまた、知性の一部にしかすぎないのです。なぜなら人智とはもっと豊穣なもの。

市井に暮らせば、ものごとを理詰めだけで考えない人の矛盾にふれることで、幸せを得ることもあります。苦労の足りた人のアドバイスや、世知にたけた人の知恵、とうてい合理的とはいえない人のやさしさが、人生の手を引いてくれることもあります。なにより判決文からハミ出した、裁判官たちの情感ゆたかな個別意見が、それを物語っている——。

最高裁担当の日々はおそろしく多忙で、そのうえ知的すぎて頭がパンクしそうな毎日でしたが、合理の枠を超えて付き合う人たちとの交流に、どんなに僕は救われたことか。合理と非合理の波間を、何とか泳ぎぬくこと。それもまた、人生の妙味なのかもしれません。

本書を手に取ってくださった皆さんが、日本の司法のきめ細かさを知っただけでなく、あらためて、僕らの生きるこの曖昧で雑然とした世界のすばらしさをも確かめることができたとしたら——。

本書を記した甲斐があったというものです。

川名壮志

参考文献

・最高裁裁判官著作など

『最高裁判所十年——私の見たこと考えたこと』園部逸夫、有斐閣、二〇〇一年
『わが心の旅路』団藤重光、有斐閣、一九八六年
『裁判官と学者の間』伊藤正己、有斐閣、一九九三年
『最高裁判所とともに』矢口洪一、有斐閣、一九九三年
『最高裁回想録——学者判事の七年半』藤田宙靖、有斐閣、二〇一二年
『私の最高裁判所論——憲法の求める司法の役割』泉徳治、日本評論社、二〇一三年
『園部逸夫　オーラル・ヒストリー——タテ社会をヨコに生きて』御厨貴編、法律文化社、二〇一三年
『弁護士から裁判官へ——最高裁判事の生活と意見』大野正男、岩波書店、二〇〇〇年
『最高裁判所は変わったか——一裁判官の自己検証』滝井繁男、岩波書店、二〇〇九年

『紛争解決と規範創造――最高裁判所で学んだこと、感じたこと』奥田昌道、有斐閣、二〇〇九年

・憲法

『憲法　第六版』芦部信喜、高橋和之補訂、岩波書店、二〇一五年
『憲法訴訟　第二版』戸松秀典、有斐閣、二〇〇八年
『超訳　日本国憲法』池上彰、新潮新書、二〇一五年
『憲法主義』内山奈月・南野森、ＰＨＰ研究所、二〇一四年
『伊藤真の憲法入門　第五版』伊藤真、日本評論社、二〇一四年

・民法

『民法Ⅳ　親族・相続　補訂版』内田貴、東京大学出版会、二〇〇四年
『家族法　第四版』二宮周平、新世社、二〇一三年
『家族法　第三版』大村敦志、有斐閣法律学叢書、二〇一〇年
『民法７　親族・相続　第四版』高橋朋子・床谷文雄・棚村政行、有斐閣アルマ、二〇一四年

・刑法

『解説　裁判員法——立法の経緯と課題　第三版』池田修・合田悦三・安東章、弘文堂、二〇一六年
『裁判員のための刑事法入門』前田雅英、東京大学出版会、二〇〇九年
『刑法総論　第二版』西田典之、弘文堂、法律学講座双書、二〇一〇年
『刑法各論　第六版』西田典之、弘文堂、法律学講座双書、二〇一二年
『伊藤真の刑法入門　第五版』伊藤真、日本評論社、二〇一五年
『刑罰はどのように決まるか——市民感覚との乖離、不公平の原因』森炎、筑摩選書、二〇一六年

・最高裁関連

『判例とその読み方　三訂版』中野次雄編、有斐閣、二〇〇九年
『検証・最高裁判所——法服の向こうで』毎日新聞社会部、毎日新聞社、一九九一年
『最高裁の暗闘——少数意見が時代を切り開く』山口進・宮地ゆう、朝日新書、二〇一一年
『サイコーですか？　最高裁！』長嶺超輝、光文社、二〇〇七年
『最高裁の違憲判決——「伝家の宝刀」をなぜ抜かないのか』山田隆司、光文社新書、二〇一二年
『最高裁判所——司法中枢の内側』野村二郎、講談社現代新書、一九八七年

『絶望の裁判所』瀬木比呂志、講談社現代新書、二〇一四年
『裁判員裁判における量刑評議の在り方について』司法研修所編、法曹会、二〇一二年
『司法官僚――裁判所の権力者たち』新藤宗幸、岩波新書、二〇〇九年
『法服の王国　小説裁判官　上下』黒木亮、岩波現代文庫、二〇一六年
『最高裁物語　上下』山本祐司、講談社＋α文庫、一九九七年

・そのほか

『要するに』山形浩生、河出文庫、二〇〇八年
『自由をつくる自在に生きる』森博嗣、集英社新書、二〇〇九年

判例時報
判例タイムズ
新聞各紙

川名壮志

1975年生まれ
2001年早稲田大学法学部卒業
現在―毎日新聞記者
著書―『謝るなら、いつでもおいで』(集英社)

密着 最高裁のしごと
――野暮で真摯な事件簿　　岩波新書(新赤版)1629

2016年11月18日　第1刷発行

著　者　川名壮志《かわなそうじ》

発行者　岡本　厚

発行所　株式会社 岩波書店
〒101-8002 東京都千代田区一ツ橋2-5-5
案内 03-5210-4000　営業部 03-5210-4111
http://www.iwanami.co.jp/

新書編集部 03-5210-4054
http://www.iwanamishinsho.com/

印刷・三秀舎　カバー・半七印刷　製本・牧製本

ISBN 978-4-00-431629-9　　Printed in Japan

岩波新書新赤版一〇〇〇点に際して

ひとつの時代が終わったと言われて久しい。だが、その先にいかなる時代を展望するのか、私たちはその輪郭すら描きえていない。二〇世紀から持ち越した課題の多くは、未だ解決の緒を見つけることのできないままであり、二一世紀が新たに招きよせた問題も少なくない。グローバル資本主義の浸透、憎悪の連鎖、暴力の応酬――世界は混沌として深い不安の只中にある。

現代社会においては変化が常態となり、速さと新しさに絶対的な価値が与えられた。消費社会の深化と情報技術の革命は、種々の境界を無くし、人々の生活やコミュニケーションの様式を根底から変容させてきた。ライフスタイルは多様化し、一面では個人の生き方をそれぞれが選びとる時代が始まっている。同時に、新たな格差が生まれ、様々な次元での亀裂や分断が深まっている。社会や歴史に対する意識が揺らぎ、普遍的な理念に対する根本的な懐疑や、現実を変えることへの無力感がひそかに根を張りつつある。そして生きることに誰もが困難を覚える時代が到来している。

しかし、日常生活のそれぞれの場で、自由と民主主義を獲得し実践することを通じて、私たち自身がそうした閉塞を乗り超え、希望の時代の幕開けを告げてゆくことは不可能ではあるまい。そのために、いま求められていること――それは、個と個の間で開かれた対話を積み重ねながら、人間らしく生きることの条件について一人ひとりが粘り強く思考することではないか。その営みの糧となるものが、教養に外ならないと私たちは考える。歴史とは何か、よく生きるとはいかなることか、世界そして人間はどこへ向かうべきなのか――こうした根源的な問いとの格闘が、文化と知の厚みを作り出し、個人と社会を支える基盤としての教養となった。まさにそのような教養への道案内こそ、岩波新書が創刊以来、追求してきたことである。

岩波新書は、日中戦争下の一九三八年一一月に赤版として創刊された。創刊の辞は、道義の精神に則らない日本の行動を憂慮し、批判的精神と良心的行動の欠如を戒めつつ、現代人の現代的教養を刊行の目的とする、と謳っている。以後、青版、黄版、新赤版と装いを改めながら、合計二五〇〇点余りを世に問うてきた。そして、いままた新赤版が一〇〇〇点を迎えたのを機に、人間の理性と良心への信頼を再確認し、それに裏打ちされた文化を培っていく決意を込めて、新しい装丁のもとに再出発したいと思う。一冊一冊から吹き出す新風が一人でも多くの読者の許に届くこと、そして希望ある時代への想像力を豊かにかき立てることを切に願う。

（二〇〇六年四月）

岩波新書より

法律

- 憲法への招待〔新版〕　渋谷秀樹
- 比較のなかの改憲論　辻村みよ子
- 著作権の考え方　岡本薫
- 自由と国家　樋口陽一
- 憲法と国家　樋口陽一
- 比較のなかの日本国憲法　樋口陽一
- 大災害と法　津久井進
- 変革期の地方自治法　兼子仁
- 原発訴訟　海渡雄一
- 民法改正を考える　大村敦志
- 労働法入門　水町勇一郎
- 人が人を裁くということ　小坂井敏晶
- 知的財産法入門　小泉直樹
- 消費者の権利〔新版〕　正田彬
- 司法官僚 裁判所の権力者たち　新藤宗幸
- 名誉毀損　山田隆司
- 刑法入門　山口厚
- 家族と法　二宮周平
- 会社法入門　神田秀樹
- 憲法とは何か　長谷部恭男
- 良心の自由と子どもたち　西原博史
- 独占禁止法　村上政博
- 有事法制批判　憲法再生フォーラム編
- 裁判官はなぜ誤るのか　秋山賢三
- 法とは何か〔新版〕　渡辺洋三
- 日本社会と法　渡辺洋三・甲斐道太郎・広渡清吾・小森田秋夫 編
- 民法のすすめ　星野英一
- 納税者の権利　北野弘久
- 小繋事件　戒能通孝
- 日本人の法意識　川島武宜

カラー版

- カラー版 国芳　岩切友里子
- カラー版 北斎　大久保純一
- カラー版 四国八十八カ所　石川文洋
- カラー版 ベトナム 戦争と平和　石川文洋
- カラー版 知床・北方四島　大泰司紀之・本間浩昭
- カラー版 西洋陶磁入門　大平雅巳
- カラー版 すばる望遠鏡の宇宙　海部宣男・宮下曉彦 写真
- カラー版 ブッダの旅　丸山勇
- カラー版 難民キャンプの子どもたち　田沼武能
- カラー版 ハッブル望遠鏡が見た宇宙　野本陽代・R・ウィリアムズ
- カラー版 細胞紳士録　藤田恒夫・牛木辰男
- カラー版 メッカ　野町和嘉
- カラー版 シベリア動物誌　福田俊司

社会

岩波新書より

飯舘村は負けない	千葉悦子・松野光伸
夢よりも深い覚醒へ	大澤真幸
不可能性の時代	大澤真幸
3・11 複合被災	外岡秀俊
子どもの声を社会へ	桜井智恵子
就職とは何か	森岡孝二
働きすぎの時代	森岡孝二
日本のデザイン	原研哉
ポジティヴ・アクション	辻村みよ子
脱原子力社会へ	長谷川公一
希望は絶望のど真ん中に	むのたけじ
戦争絶滅へ、人間復活へ	むのたけじ 黒岩比佐子 聞き手
福島 原発と人びと	広河隆一
アスベスト 広がる被害	大島秀利
原発を終わらせる	石橋克彦編
日本の食糧が危ない	中村靖彦
ウォーター・ビジネス	中村靖彦
勲章 知られざる素顔	栗原俊雄
生き方の不平等	白波瀬佐和子

同性愛と異性愛	風間孝・河口和也
居住の貧困	本間義人
贅沢の条件	山田登世子
ブランドの条件	山田登世子
新しい労働社会	濱口桂一郎
世代間連帯	上野千鶴子・辻元清美
当事者主権	中西正司・上野千鶴子
道路をどうするか	五十嵐敬喜・小川明雄
建築紛争	五十嵐敬喜・小川明雄
ルポ 労働と戦争	島本慈子
戦争で死ぬ、ということ	島本慈子
ルポ 解雇	島本慈子
子どもへの性的虐待	森田ゆり
森の力	浜田久美子
テレワーク 「未来型労働」の現実	佐藤彰男
反貧困	湯浅誠
ベースボールの夢	内田隆三
グアムと日本人 戦争を埋立てた楽園	山口誠

少子社会日本	山田昌弘
「悩み」の正体	香山リカ
いまどきの「常識」	香山リカ
若者の法則	香山リカ
変えてゆく勇気	上川あや
定年後	加藤仁
労働ダンピング	中野麻美
誰のための会社にするか	ロナルド・ドーア
安心のファシズム	斎藤貴男
社会学入門	見田宗介
現代社会の理論	見田宗介
冠婚葬祭のひみつ	斎藤美奈子
少年事件に取り組む	藤原正範
まちづくりと景観	田村明
まちづくりの実践	田村明
桜が創った「日本」	佐藤俊樹
生きる意味	上田紀行
ルポ 戦争協力拒否	吉田敏浩
社会起業家	斎藤槙
男女共同参画の時代	鹿嶋敬

岩波新書より

政治

多数決を疑う 社会的選択理論とは何か	坂井豊貴
集団的自衛権とは何か	豊下楢彦
安保条約の成立	豊下楢彦
集団的自衛権と安全保障	豊下楢彦 古関彰一
外交ドキュメント 歴史認識	服部龍二
日米〈核〉同盟 原爆、核の傘、フクシマ	太田昌克
日本は戦争をするのか	半田滋
「戦地」派遣 変わる自衛隊	半田滋
自衛隊 変容のゆくえ	前田哲男
アジア力の世紀	進藤榮一
民族紛争	月村太郎
自治体のエネルギー戦略	大野輝之
政治的思考	杉田敦
現代日本の政党デモクラシー	中北浩爾
サイバー時代の戦争	谷口長世
現代中国の政治	唐亮
政権交代論	山口二郎
戦後政治の崩壊	山口二郎
日本政治 再生の条件	山口二郎編著
戦後政治史〔第三版〕	石川真澄 山口二郎
日本の国会	大山礼子
〈私〉時代のデモクラシー	宇野重規
大臣〔増補版〕	菅直人
生活保障 排除しない社会へ	宮本太郎
「ふるさと」の発想	西川一誠
政治の精神	佐々木毅
ドキュメント アメリカの金権政治	軽部謙介
民族とネイション	塩川伸明
昭和天皇	原武史
沖縄密約	西山太吉
市民の政治学	篠原一
日本の政治風土	篠原一
東京都政	佐々木信夫
政治・行政の考え方	松下圭一
ルポ 改憲潮流	斎藤貴男
市民自治の憲法理論	松下圭一
岸信介	原彬久
自由主義の再検討	藤原保信
海を渡る自衛隊	佐々木芳隆
人間と政治	南原繁
近代の政治思想	福田歓一

経済

- ポスト資本主義 科学・人間・社会の未来　広井良典
- 日本の納税者　三木義一
- タックス・イーター　志賀櫻
- タックス・ヘイブン　志賀櫻
- コーポレート・ガバナンス　花崎正晴
- グローバル経済史入門　杉山伸也
- アベノミクスの終焉　服部茂幸
- 新自由主義の帰結　服部茂幸
- 新・世界経済入門　西川潤
- 金融政策入門　湯本雅士
- 日本経済図説〔第四版〕　宮崎勇・本庄真・田谷禎三
- 世界経済図説〔第三版〕　宮崎勇・田谷禎三
- WTO 貿易自由化を超えて　中川淳司
- 日本財政 転換の指針　井手英策
- 日本の税金〔新版〕　三木義一
- 成熟社会の経済学　小野善康
- 景気と経済政策　小野善康
- 平成不況の本質　大瀧雅之
- 原発のコスト　大島堅一
- 次世代インターネットの経済学　依田高典
- ユーロ 危機の中の統一通貨　田中素香
- 低炭素経済への道　諸富徹・浅岡美恵
- 「分かち合い」の経済学　神野直彦
- 人間回復の経済学　神野直彦
- グリーン資本主義　佐和隆光
- 市場主義の終焉　佐和隆光
- 消費税をどうするか　小此木潔
- 国際金融入門〔新版〕　岩田規久男
- 金融入門〔新版〕　岩田規久男
- ビジネス・インサイト　石井淳蔵
- ブランド 価値の創造　石井淳蔵
- グローバル恐慌　浜矩子
- 金融商品とどうつき合うか　新保恵志
- 金融NPO　藤井良広
- 地域再生の条件　本間義人
- 経済データの読み方〔新版〕　鈴木正俊
- 格差社会 何が問題なのか　橘木俊詔
- シュンペーター　伊東光晴・根井雅弘
- ケインズ　伊東光晴
- 現代に生きるケインズ　伊東光晴
- 景気とは何だろうか　山家悠紀夫
- 環境再生と日本経済　三橋規宏
- 人民元・ドル・円　田村秀男
- 社会的共通資本　宇沢弘文
- 経済学の考え方　宇沢弘文
- 経営革命の構造　米倉誠一郎
- 経済論戦　川北隆雄
- アメリカの通商政策　佐々木隆雄
- 戦後の日本経済　橋本寿朗
- 共生の大地 新しい経済がはじまる　内橋克人
- 思想としての近代経済学　森嶋通夫
- アメリカ遊学記　都留重人

福祉・医療

岩波新書/最新刊から

1619 **戦国と宗教** 神田千里 著
乱世を生きる人々を支えた信仰とは？ 大名の戦勝祈願、庶民の本願寺信仰、キリスト教の移入等を、「天道」に注目しつつ読み解く。

1620 **日本の一文30選** 中村 明 著
プロの作家による、読み手を唸らせる名表現。そこにある表現のテクニックとは？ 読みたい人にも書きたい人にもお薦めの一冊！

1621 **ルポ 貧困女子** 飯島裕子 著
アラフォー／非正規／シングル／子どもなし。気がつけば、崖っぷち…。極めて見えにくい、若年女性たちの直面する困難とは？

1622 **経済学のすすめ**
―人文知と批判精神の復権―
佐和隆光 著
古典の英知にふれて思考力・判断力・表現力をみがく。理論の思想構造を見究め、批判精神を養う。これから経済学を学ぶ人へ語る。

1623 **魚と日本人**
食と職の経済学
濱田武士 著
多くの「職人」によって支えられている日本独自の魚食文化。各地の市場と港を訪れた著者が、激変する現状を危機感とともに描く。

1624 **ルポ 難民追跡**
バルカンルートを行く
坂口裕彦 著
欧州各国に押し寄せる「難民」。一人ひとりの素顔、苦悩や希望とは？ 受け入れ側の論理や戸惑いは？ 「大移動」の同時進行報告。

1625 **弘法大師空海と出会う** 川﨑一洋 著
いまも多くの人をひきつける弘法大師空海。その歴史的事跡、伝説、美術、書、著作、思想などを、ゆかりの地の紹介とともに解説。

1626 **読書と日本人** 津野海太郎 著
〈読書〉という行為はいつどのように生まれ、どこへ向かうのか？ 〈読書の黄金時代〉を駆け抜けてきた著者による、渾身の読書論！

(2016. 11)